障害受容再考

「障害受容」から
「障害との自由」へ

田島明子
Tajima Akiko

三輪書店

はじめに

この本は、立命館大学大学院先端総合学術研究科二〇〇五年度博士予備論文（修士論文に相当）として提出したものを、雑誌「地域リハビリテーション」（三輪書店）に「障害受容再考―障害受容をめぐる問い」というタイトルで連載をさせていただき（二巻七号―三巻七号）、それに加筆し書籍化したものです。ですので、新たな場を与えていただく過程のなかで、少しずつの改良・改変を行っています。

雑誌連載にあたっては、担当の編集者に助言をいただきつつ、特に表現の方法について、細かな部分まで、推敲を行う機会を得ました。本当に感謝をしております。また、書籍化にあたり、予備論文執筆から三年が経過しようとしていることもあり、私の考えも少しは深まっているところがありまして、補遺という形で加筆することにしました。しかし、私が主張したい核となる部分については、予備論文から大きな改稿はしておりません。それは、この予備論文が、遡りますと私が作業療法士として働き始めた一五年前に感受したさまざまな感情・感覚に、自分なりに真剣に向き合い、言葉を積み重ねた結果であると思えるものであるからです。

そもそも私が「障害受容」という言葉に疑問を持った経緯については第一章で詳しく述べていますが、ここで少しだけこの本の導入として紹介をさせてください。ちなみに以下の文章は、予備論文の「おわりに」に書いた文章を書き直したものです。

作業療法士の養成校を卒業してすぐに勤めた職場では、「障害受容」という言葉が無造作に使われていたことを覚えています。クライエントに対して「障害受容ができていない」というような使われ方です。その時私は、この言葉がクライエントから元気を奪っていくように感じたのです。私にとっては不快でした。もし私がクライエントの立場なら、そのように、この言葉を用いられたら、とても嫌だなと思いました。

それと同じ頃、人が力を得る場所は他人と能力で比べ合う世界からではない、そうであってはいけない、という気持ちも湧いていました。人が人と能力で比べ合う世界は、自分のエネルギーの源を、他人から見いだそうとしているような気がしました。しかし、それでは自分はいずれ枯渇してしまうのです。そうではないエネルギーの源泉はどこにあるのかと悩んでいたように思います。

当時、それらの関連を見いだしていたかどうかは覚えていないのですが、いまにして思えば関係していたのだと思います。おそらく「できる」「できない」の振幅に人が置かれる世界では、エネルギーの容量はあらかじめ決まっていて、そのエネルギーは「できない」人から「できる」人に流れていくような配分構造をしているのではないでしょうか。その当時、「障害受容ができてない」という支援者がやけに元気に見えました。そして、やはりその頃だったと思うのですが、人に頼るのではない、もっとたくさんありそうなエネルギーの源泉を得たという感覚がありました。

第八章で書いた「他なるもの」の部分は、うまくは書けていないのですが、その時私が得た感覚を表現しようとしています。余談ですが、こうして一五年という歳月をかけて、自分の経験を表現しようとしている自分の行いを見ますと（私だけなのかもしれませんが）、人は一つの人生のなかで、そう多くの経験はできなくて、同じところをぐるぐると回っているのだなと思います。

さて、最近は、リハビリテーション業界のなかでも、クライエントの訓練に対する意欲のなさや固執について「障害受容ができていない」というような表現を用いることに対して、反省的態度を促す批判的研究・言説もでてきています。ただ私自身は、反省的態度のみで終わらせるだけでなく、「障害受容」という言葉がなぜそのように用いられてしまってきたのか、リハビリテーション従事者でさえ、それこそいつのまにか「障害受容」という言葉をそのように用いてしまっていた、その「仕掛け」を知りたいと思いました。そのため、この本では、リハビリテーションの内在的な問題に射程を置き、そのなかで「障害受容」という言葉がどこに位置づいているかを考えています。そして、この本では「障害受容」という言葉の使用法の分析を通して、リハビリテーション臨床における、セラピスト－クライエント間にある、見えざる力の配置を記述しようとしています。うまく書けたとは思えませんが、それでも、セラピストの働きかけのうちに、クライエントを無力化の方向へ引っ張る力学があることを少しはお伝えできているのではないかと思います。

私はこの本を、障害やリハビリテーションに関わる多くの人に読んでもらいたいと願っておりますが、特に、若いセラピストの方に手に取ってもらいたい、と願っています。なぜかといいますと、本に書かれてあることは、偉い誰かが書いているもので、自分が対峙できるものではない、すべきことではない、という思い込みを捨ててほしいと思うからです。特にリハビリテーションの理念や理論に関わる大きなことは、若いセラピストにとって、自分ごときが考えるべきことではない、と距離を置いてしまいがちになるのではないでしょうか。

私は、作業療法士を仕事としてきた人間であり、偉い誰かではありません。それにもかかわらず、この本を通して、既存のリハビリテーションのあり方について異議申し立てを行っているつもりがあります。自分でも大それた行いだと（少しは）思うのですが、でも間違った行いだとは思いません。むしろ学校や教科書で教わったことを鵜呑みにせず、疑いの姿勢で臨床に臨むことは、自分自身の成長や新たな学問的な発展の気運につながると思いますし、何よりもクライエントに対する弊害を食い止めることにもなると思います。第二章で述べましたが、時にセラピストは、自らが訓練を受け培ってきた理論や原則、あるいは概念に拘束され、クライエントの固有性に接触できない事態があるように思われます。

若いセラピストの方には、田島はこのように考えているが、では自分はどう考えるか、というような立ち位置で、この本を読んでいただけたならうれしく思います。私はこの本で何らかの正解を提示したいわけではないのです。むしろ、当然と思ってやり過ごしていることも、見方を変えれば少しも当然のことではなく、そのなかに考えるべきことが隠されているかもしれないという可能性をお伝えできたら、と思っています。

ここで、各章の内容を簡単にご紹介します。

第一章では、私が「障害受容」に疑問を持った経緯から「障害受容」について研究を行うまでの経緯について書いています。自己紹介のようなものです。これを読んでいただくと、私が決して「障害受容」に導くための支援をしようという立場ではなく、むしろそうした支援のあり様に疑問を持つ正反対の立場にいることをご理解いただけるものと思います。こうして「障害受容」について文章を書いていると、「『障害受容』に向けてどのように支援をしたらよいのでしょうか」と質問をいただき、思わず口ごもってしまっていたのですが、今度そう聞かれたら、「なぜ『障害』を『受容』することがよい支援と思うのか」と逆に質問するところから始めてみようと思います。

第二章では、一九七〇年前後以降から現在に至るまで、リハビリテーション業界でなされてきた「障害受容」についての研究・言説を整理しています。「理学療法士及び作業療法士法」の成立が一九六五年、「理学療法と作業療法」（医学書院）の創刊が一九六七年、「総合リハビリテーション」（医学書院）の創刊が一九七三年ですから、日本においてリハビリテーションに関する学術的研究の蓄積が本格的になされ始めたのが一九七〇年前後なのです。一九七〇年から現在までというと、そう古い話ではなく、リアルタイムで経験してこられた方も決して少なくない「現代史」と呼びうる時期だと思います。この現代史と呼びうる時期は意外にもきちんと着目されていませんが、現在をかたちづくってきた経緯を知ることができ、また、未来の方向性を考えることのできる重要な時期だと思います。

第三章では、視覚障害のある男性Aさんのライフストーリーを通して、「障害受容」

は一度したら不変なのか、というテーマで考察を行っています。この問いは、「一度、肯定的自己像が形成されたならそれは永続するものなのであろうか。あるいは、肯定的自己像が形成された後にもそれが揺れ動くとすればそれはどういった事象が起因しているか」という問いに置き換えることができます。そしてその答えは、障害に対する否定的経験・差別的経験による否定感・羞恥感情は、その後、肯定的自己像が形成されたとしても、そうした経験に起因する場や人に対するイメージが引き金になり、再燃する可能性があるというものでした。詳しくは第三章をお読みいただきたいと思いますが、問われるべきは、他者・社会が持つ障害の否定観（感）といえそうです。

第四章では、南雲直二氏の社会受容論について考えています。私は社会受容論に対して三つの疑問を持ちました。その三つの疑問とは、①苦しみは他者や社会の態度からのみ生じるか、②「受容」でいいのか、③自助グループ（だけ）でいいのか、でした。そして、私のクライエントであった野中さん（仮名）へのインタビューを通して、障害を得たことによる苦しい感情経験の原因についての探求から、三つの疑問に対する答えを導きだしています。結論を先取りしていえば、①については内面化した規範や価値観の問題、②については受容や参加の「あり方」を考える必要があること、③については、自助グループのデメリットを研究する必要性について、また、自助グループというある一部へ障害の承認や肯定を委ねることは、その帰属先は異なるといえども「障害受容」と同一の構造を持っており、対症療法的な方法論であることを指摘しています。

第五章では、リハビリテーション臨床で働く七名の作業療法士にインタビューをさせていただき、臨床現場での「障害受容」の使用法やその問題点について考察をしました。さらに第六章では、「障害受容」という言葉を臨床現場で使わない／使いたくないという四名のセラピストから「障害受容」に対する思いやイメージ、理由について伺い、彼／彼女らが共通してイメージする支援の目的は「障害受容」ではなく「障害との自由」という概念のほうがふさわしいのではないかと提案をしています。この第五章、第六章は、本書の主題について実証的に検討した部分ですから、本書において中核となる部分といえるかと思います。

第七章では、第一章から第六章までで得られた結果を、「障害受容」について「教育の現場ではどのように教えればよいのか」として集約しています。つまり、これまでのリハビリテーション臨床での「障害受容」の使用法におけるクライエントにとっての弊害、セラピストにとっての問題を整理し、「教育の現場でどのように教えればよいのか」を考察しています。これまで上田敏氏の障害受容論を教授している学校が多かったようですが、むしろリハビリテーションの功罪や方法論上の難点が語られるべきではないかと提案しています。

第八章（最終章）では、第六章で提案した「障害との自由」について、それこそ「自由」に書いてみることにしました。確信を持って書いているわけではなく、むしろ直感を言語化するような作業であることをご了承ください。それはまた「再生のためのエネルギー」の在《あ》り処《か》を探し求める作業でもありました。三つのエレメントから「障害との自由」について描いています。一つは「できないこと」の表象、二つ目は「個人の変容にのみとらわれること」の閉塞感、三つ目が「他なるもの」とは何か、です。最後の「他なるもの」については、冒頭で述べましたように、私が過去に得た感覚を言葉にしようと試みたものですが、うまく書けたかどうかは「?」です。とりあえず読者の皆様に判断を委ねます。

このような構成になっている本書ですので、第一章から第四章までは、各章単独で読まれても差し支えないかと思われますが、第五章と第六章は続けてお読みいただいたほうが登場人物にも混乱が生じず、また、インタビューの全体像をご理解いただけるのではないかと思います。また、第七章は、第一章から第六章までをまとめたものであり、各章にて書いたことについては「第〇章で既述」と省略している部分がありまして、そう書いてあるたびにその章に戻るのは面倒かと思いますので、前章までをお読みになられた後に読まれたほうがよいかと思われます。第八章につきましても、第五章から読まれたほうがよりご理解いただけるものと思います。参考にしていただけましたら幸いです。

はじめに

目次

装幀　関原直子

第一章　なぜ「障害受容」を再考するのか

「障害受容」に疑問を持った経緯

　この本では、「障害受容」という言葉を軸に、皆さんと「できること／できないことの価値」「リハビリテーションの意義」「人／障害の自由」など、いろいろと考えていけたらと思っていますが、ここでは、自己紹介も兼ねまして、私と「障害受容」とのかかわり、「障害受容」の研究に至るまでについてお話しします。

　私はいま、東京都板橋ナーシングホームという介護老人保健施設に作業療法士として勤めて丸七年になります（二〇〇九年三月末日時、四月より吉備国際大学保健科学部作業療法学科）。その前は、障害者の生活支援のための施設に八年間勤めていました。この施設は私が作業療法士の養成校を卒業して初めての職場でした。

　というわけで、私が「障害受容」という言葉に現場で初めて触れたのはこの施設だったと思います。どんなふうに用いられていたかというと、例えば、どう評価しても一般就労は困難と思われる障害を持つ利用者がいたとして、その人が「どうしても一般就労したいです」と言ったりすると、症例報告会などで「『障害受容』ができていなくて困ったケース」として紹介したり、あるいは職員間の会話でも「Aさんは障害受容ができなくて困ったわ」と言ったりする人がいました。私はその時、なんとなく自分が言われているような気がして嫌な気持ちがしたことを覚えています。まだいまより若かったということもあったせいか、何か目上の人間の用意した道を行けと言われているような、身の丈を知らないバカな子と言われているような気がして、反発したいような気持ちも生じていたように思います。

とはいえ、その当時は、この言葉について批判的に考えてみるということを思いつきませんでした。それにはたぶん二つの理由があります。一つは、作業療法士として働き始めたばかりの自分にとって自分の立ち位置を少し遠くの位置から俯瞰して見ることが難しかったこと、もう一つは批判的に考える方法がよくわからなかったということです。自分が学んできたことを批判することに何かしら罪悪感のようなものを感じたということもあったかもしれません。

ほかにも、なんとしても不思議だったこととして就労支援があります。私が勤めていた当時、この施設では授産施設や更生施設、療護施設に入所するための判定（注

1）が行われていました。つまり、一般就労が難しかった場合の受け皿というものがすでに用意されているわけです。就労支援といっても相手（雇用する側）のあることなのでうまくいかないことも決して少なくなく、その場合には福祉的就労と呼ばれる授産施設や共同作業所へ行く人も多いようでした。そういう状況のなかで、本人が「一般就労をしたい」と言っても「障害受容できてなくて困る」と言う職員がいる。これって「支援」と言うのだろうかという素朴な疑問がありました。

障害者就労の研究から見えてきたこと

さてここで、「障害受容」から少し話が脱線しますが（実はそう脱線していません。そのことはまた追々）、障害者就労の話をさせてください。私は先に述べた疑問に対して、では障害を持つ当事者たちが希望し、自信が持てる就労ってどんなものだろうということを知りたくなり、夜間の大学院で障害者の就労について研究をすることにしました。就労について書いた修士論文は全文をWebで公開（注2）しておりますのでよろしかったらご覧いただければと思います。私自身の論述はまったく不十分であり、尻切れトンボで恥ずかしいのですが、障害を持つ人たちの就労に対するたくさんの想いが語られていますので、そこを読んでいただけたらと思います。

この研究で私が感じたことは、一言で言うなら、障害を持つ人たちは自己（障害）価値を見いだせる就労がしたいと思っているということでした。裏返せば、それがこの現実社会ではなかなか得にくいということです。「障害」の一つの現れとして、何かが「できない」ということがあります。「働く」ということは、その「障害」の一側面に深く関連しています。障害のために働く機会が得られないということは、私たちが「働く」ことから当然に得ている収入を得たり、人からその価値を認められたり、あるいは自己実現ができるような機会が得られないということです。

「職業リハビリテーション」に関する本のたいていのお話は、就労方法の工夫やジョブマッチングをしたりすることで「できる」ようにさせ、就労に結びつけよう、結びついたというものでした。ただ、そうした営みが上述の結果を生んできたのかと思うと、そのループには何か限界があるように思えるし、何かが違うんじゃないかと私は思っていました。そう思っていろいろ調べてみると、障害者の就労についてまったく違った観点から考えている研究者がいることを知りました。

お一人は、遠山真世（注3）という若手の研究者ですが、彼女は障害者雇用の政策について理論研究をしており、障害者の労働市場からの排除の不当性・正当性の線引きを明確化し、そのうえで新たな障害者雇用政策の構想づくりをしていました。もう一人が立岩真也（注4）という社会学者で、この人はこの社会においてごく当たり前とされる「多く働けば多く取れ、少ない働きなら少なくしか取れない」という能力主義を基礎とした私的所有のあり方について論考を重ね、その自明性を疑うというような研究をしてきていました。そして、能力主義について「できること」がその人の価値を規定し、「できないこと」≒障害（を持つ人の価値）が否定されてしまうことの問題を鋭く指摘していました。

私はこの立岩氏の論考を読んだ時、「天と地がひっくり返る」と言うと大げさに聞こえますが、それほどびっくりしたことを覚えています。なぜなら、障害者就労の核心的な問題である「能力に基づく格差」についてリハビリテーション領域の言説のみならず、私自身「当たり前」と思っていたのに対し、その格差は「差別」だというわけですから。また「できないこと」≒障害の否定性を問題とするこの論考には、何かホッとするというか、安心できるものがありました。私が研究から得たことも、まさに障害を持つ人たちは自己（障害）価値を肯定したい（否定されたくない）と思っている、その一点でした。そんなご縁から、立命館大学大学院先端総合学術研究科（注5）の立岩研究室で研究を進めていくことにしました。現在は、そこの四回生でもあります。

「障害受容」について考えることにする

障害者就労の研究の底辺には、私は「リハビリテーション」「支援」の何がおかしいと感じてきたのかを当事者の視点から明確にしたいという思いがありました。ただ修士論文を書いた時点では、まだそのへんはもやもやとしていてうまく整理がついていませんでした。そこで、さらに就労についての修士論文を理論的に書き直し

「作業療法」という雑誌に掲載していただきました（注6）。

その論文で言いたかったことは至極単純なことで、リハビリテーションはクライエントに対して何か「できる」ように働きかけ、その人の「社会への適応」を目指しているという大きな文脈があるわけですが、「できること」に価値があるから「できること」を目指すのは、障害（を持つ人の）価値を否定することになるから否定されるということです。抽象的な言い方になってしまいますが、つまり私たちセラピストは、なぜ「できること」を目指すのかと自問し、答えを見つける必要があるということです。それをしないことには、どうしても「できること」を目指すリハビリテーションの行いは能力主義的な社会の価値観を後押しする格好になってしまい、「できないこと」≒障害を否定していくことになってしまうからです。ということは図らずも、能力による格差（差別）を肯定することになってしまうわけです。

そう気がついた時、勤め始めた頃から抱いていた「支援」に対する違和感の答えが見えてきたように思いました。また、自分の研究の立ち位置が定まってきたようにも感じました。そして、私が現在在籍している大学院は、ある学問領域を究めるというより、〝障老病異〟、さまざまな身体を生きることの現実から立ち上がる問題に対峙しようとしているところで、先生方も社会学、経済学、哲学など多領域にわたっており、現場で抱いた違和感について考えるには格好の場所です。こうした研究環境にも後押しされ、私は作業療法士として勤め始めた当初からずっと心に引っかかっていた「障害受容」という言葉の使われ方の不快さについて、その言葉の使用から垣間見えるセラピストとクライエントとの関係の非対称性に着目しながら考えてみることにしました。それは勤め始めた頃には思いもよらず、その方法もわからなかったリハビリテーションの実践・理論について批判的に考えてみることでもありました。

二〇〇六年、この大学院で「障害受容」に関する修士論文を書きました（「はじめに」で説明した予備論文のことです）。これは、大学院の一、二回生時に行った「障害受容」に関する研究を修士論文としてまとめたものですが、立岩研究室から冊子にして販売しております（注7）。これからお話しさせていただく内容は主にこの冊子に書いたことですが、この本ではそれをなるべくわかりやすく説明していこうと思っています。

次章では、日本における「障害受容」について、どのようなことが言われてきたか、書かれてきたかの歴史を見ていきます。

脚注

注1　二〇〇三（平成一五）年四月より支援費制度が開始したことにより、施設入所は利用者と各施設との契約により成立することになった。

注2　<http://www.arsvi.com/2000/030900ta.htm>

注3　遠山真世：障害者の雇用問題―平等化に向けた理論と政策。二〇〇四年度東京都立大学大学院社会科学研究科社会福祉学専攻博士論文、二〇〇五
<http://www.arsvi.com/2000/0503tm.htm>

注4　代表的な著作として『私的所有論』勁草書房（一九九七年）がある。また、arsvi.com という社会学・障害学などに関わる巨大データベースをＷｅｂ上で運営している。
<http://www.arsvi.com/index.htm>

注5　立命館大学大学院先端総合学術研究科のＨＰ
<http://www.ritsumei.ac.jp/acd/gr/gsce/>

注6　田島明子：ひとの価値と作業療法―障害者の就労の三つの位相をめぐる一考察。作業療法二四：三四〇―三四八、二〇〇五

注7　左記ＵＲＬに冊子の紹介、購入方法などの説明がある。ちなみに、収益は院生の研究活動のための基金に充てられる。
〈http://www.arsvi.com/b2000/0608ta.htm〉

第二章　日本における「障害受容」の研究の流れ

本章では、「障害受容」について一九七〇年代以降日本のリハビリテーション領域においてどのようなことが書かれ、言われてきたのかをみていきます。

これからお話する内容は「障害学研究」という雑誌に掲載していただいた論文(1)のダイジェスト版のような格好になるかと思います。ちなみに、「障害学研究」は障害学会(注1)という二〇〇四年に創立された、まだ若い学会が発刊している雑誌です。障害学は障害当事者の位置からさまざまな問題提起をしていこうという学問で、第一章で述べましたが、私の研究の立ち位置は、いうなれば当事者の視点からリハビリテーションの実践・理論について批判的に考えてみるというもので、まさにこの学にぴったりだと(勝手に)思いこの雑誌に論文を投稿したわけです。特に障害に関わるお仕事をしておられる方は注目したほうがよい学会と思いますので宣伝いたします。

さて、本研究の概略についてご紹介しますと、対象はリハビリテーションに関する八つの雑誌(「総合リハビリテーション」「リハビリテーション医学」「作業療法」「理学療法」「作業療法ジャーナル」「理学療法ジャーナル」「理学療法学」「理学療法と作業療法」）です。これらの雑誌のなかから「障害受容」について書かれた論文を探しだし、一九七〇年代、一九八〇年代、一九九〇年代以降という時代区分を設けて、それぞれの時代における「障害受容」についての研究・言説の特徴を明らかにしました。そして、得られた結果を基に実践での使われ方（なぜこの言葉は支援の進行のうまくいかなさに対して、クライエントや家族に責めを帰すかのように用いられてしまうのか、用いることができてしまうのか）について批判的に考察を行っています。

年代が一九七〇年代以降となっていますが、それは今回対象とした雑誌の創刊のなかで、最も古いものが「理学療法と作業療法」で一九六七年、その次が「総合リハビリテーション」で一九七三年ということで、これらの雑誌のなかに「障害受容」が登場するようになったのが一九七〇年以降だったという理由からです。日本で「障害受容」が取り上げられるようになったのはもっと前ですので、お間違えのなきようお願いします(2)。

このように、研究・言説の現代の歴史を追うことの意義ですが、それがなんらかの形で実践に影響を与えていることはたしかなわけで、実践での使われ方の問題を探るにしても、まずはその言葉が日本のリハビリテーション文化のなかにいかに根づいてきたかを押さておく必要があると思われます。また、研究・言説の変遷について、いろいろな影響を考察するためにも歴史の流れとして把握することには意味があると考えます。

一九七〇年代

さっそく一九七〇年代からみていきましょう。対象となった論文は一三編ですが、それらを内容が似ているもの同士で集めると次の五つに分類できました。

(1) いろいろな定義

この時期は「障害受容」とはどういうことかについて、少なくとも国内において共通理解は確立されておらず、各研究者がその概念の意味内容の確定を検討していた時期だったようです。例えば、「障害受容」とは障害による不自由さを日常生活のなかでよく理解し、できることとできないことを明確にできることであるとする人もいれば、疾患や障害を持つ自分という意識があらゆる生活の場面で決定的な意味を持たなくなる段階に到達することとする人もいました。

(2) リハビリテーション実施の必要条件としての「障害受容」

また、この時期の興味深いこととしてリハビリテーションにおける意欲・モチベーションの重要性がいわれ、意欲・モチベーションと「障害受容」が近似して用いられていたことが挙げられます。すなわち、「障害受容」している状態とはリハビリテーションに対する意欲・モチベーションが備わっている状態とほぼ同じとされ、リハビリテーション実施のためのクライエントの必要条件として「障害受容」が位置づけられていました。

(3) 段階理論の紹介、段階理論を根拠づける研究

「障害受容」というと、段階を経て「障害受容」に至るとする段階理論（注2）を思い浮かべる方も少なくないと思いますが、この時期には海外の段階理論の紹介や、段階理論を裏づける研究がなされたりしていました。段階理論を裏づける研究としては、一〇の質問項目からなる「麻痺手受容度検査」を作成、それを脳卒中片麻痺患者四五名に実施し、同じ人たちに対しエゴグラムも行い障害受容の過程を分析したものがあります。

(4) 「障害受容」を促進する個人要因、障害を持つことの心理的特性への関心

この時期には「障害受容」を促進する個人要因や障害を持つことの心理的特性に関心を向けた論文がいくつかありました。ただ、「障害受容」の促進要因に着目した論文がこの時期のみに見られたわけではなく、むしろ一九八〇年代以降、さらに「障

害受容」の促進要因の分析が多角的になされるようになっており、この時期はその先駆けと呼べそうです。この時期の特徴は人格、知的能力などの個人要因に着目した論文がそれ以降に比べてたくさんあったことです。

(5) 専門職の役割の検討、検査法の開発

また、この時期は創成期ということもあってか検査法の開発や、「障害受容」に関連の深い職種である心理職やケースワーカーの役割の検討を行っている論文が散見されました。

一九八〇年代

一九八〇年代は一九七〇年代に浮かび上がった特徴がさらに変化をたどった時期でした。前述の一九七〇年代と対応させて、その変化について具体的にみていきま

しょう。対象とした論文数は一三編です。

(1) 価値転換論と段階理論の融合、「障害受容」の定義の確立

一九七〇年代には段階理論への着目があったことは述べましたが、一九八〇年には価値転換論にも着目し、それら二つを前面に押した論文が発表されました。これが、おそらく皆さんがよくご存じの障害受容論だと思います。リハビリテーション医師である上田敏氏によるものですが、「受容の本質」としてWrightの価値転換論を紹介しています。段階理論と価値転換論との融合は、「障害受容」のプロセスと目指す状態を同時に示せるので、一九七〇年代における定義に比べて実践に有用であることからリハビリテーション業界に大きなインパクトを与えたのかもしれません。

(2) リハビリテーションの目標・目的へ

一九七〇年代には「障害受容」が意欲・モチベーションとほぼ同じ意味内容で用いられ、いわば「障害受容」がリハビリテーション実施のための手段であるかのようでしたが、一九八〇年代にはそうした書かれ方の論文は見られなくなり、「障害受容」はリハビリテーションの一つの目標・目的であるという位置づけに変化していました。

(3) 個人要因から訓練スタッフのかかわりや環境要因への着目

また、一九七〇年代には「障害受容」を促進する要因として個人因子や障害を持ったことによる心理的特性に関心が向けられていたことは先に述べましたが、一九八〇年代は、むしろ訓練スタッフのかかわりや環境要因に着目した論文が比率としても増加しています。個人要因に着目している論文はわずかに一編だけでした。

(4) さまざまなアプローチ法の登場、心理的アプローチの効果の前提性

一九八〇年代には「スポーツの心理的効果」や「行動療法」の紹介など、一九七〇年代に比べるとアプローチ法が多彩になった印象です。また、一九七〇年代には上述したように心理職やケースワーカーの役割の検討がなされていましたが、一九八〇年代にはその効果についてはむしろ前提的・確定的なものとして論が展開されていたことは一つの特徴だと思います。

さて、一九七〇年代、一九八〇年代の言説・研究の流れをみてきましたが、そう論調が変化しているわけではないことがおわかりになったかと思います。一九九〇年以降は大きく様変わりをしていきます。

一九九〇年代以降

一九九〇年代以降は、「障害受容」に関する論文数が増え内容も多様化しています。

例えば「リカバリー（回復）」「生活の質（Quality of Life：QOL）」「自己決定」「相互作用」などの概念が「障害受容」をめぐり提示されるようになったり、実際の臨床から得られた知見が数多く見られるようになったりしていました。このように数も増え、多様化した言説・研究の変化の特徴をとらえるにはどうしたらよいかと考え、「新しさ（従来にはない知見であること）」「批判性（従来の知見に対してなんらかの批判をしていること）」に着目して整理をしてみることにしました。対象とした論文数は一九九〇年代が二四編、二〇〇〇年以降は一四編です。

（1）潜在化している場合もある

これまでの「障害受容」に関する研究・言説は、訓練が滞るなどの顕在化した問題によって認識されてきたわけですが、一九九〇年代以降、心理問題は顕在化したものばかりではないことを示す論文が見られました。例えば、心理面の問題を感じさせなかった脊髄損傷者に風景構成法を行い、多様な心理反応が推察されたことから、治療介入の際に患者心理を把握するための描画の有用性について考察した論文、また日本人の感情特性に注目し日本人の感情を抑える特性から障害を持ったことによる心理問題が表面化せず、医療従事者が気づかない可能性があることを指摘する論文がありました(3)(4)。

(2)「QOL」「障害告知」「自己決定」概念との連結

二つの論文がありましたが、どちらも筋萎縮性側索硬化症（Amyotrophic Lateral Sclerosis : ALS）患者に関するものでした。そのなかで、「障害受容」は患者の「QOL」向上のために必要であり、「障害告知」「自己決定」とも関わると述べられていました。その論文のうちの一つは、ALS患者の「障害受容」についてあるALS患者より送られてきた「今後の療養生活の決意」という書面を基に考察をしているものでしたが、病気を受け入れた時点から患者本人のQOL（日常生活の精神的な満足度）が急に向上していることが明らかになっていることにより、患者本人に告知することが重要であり、自分の生き方を自己決定している患者ほど、その後の生活を家族とともに強く生きているとしていました。

(3) コミュニティ（共同体）における援助の必要性

心理学者の南雲直二氏から提示された「社会受容論」「相互作用論」に基づいた支援方法の検討であり、コミュニティ（共同体）に基づく援助（community-based helpings）の必要性について論じられています。南雲氏が、特にそれを代償アプローチとの違いで述べているのは注目すべき点と私は考えました。その理由は考察で述べます。「総合リハビリテーション」誌における「障害受容における相互作用」という特集では、南雲氏の論文が基調論文(5)となり、ほかの論者も南雲氏のこの論文に倣い、「家族との関係」や「情緒支援ネットワークの有無」が本人の「障害受容」にいかに影響するかについて述べていました。南雲氏は、コミュニティ（共同体）に基づく援助と代償アプローチとの違いについて次の三点を指摘しています(6)。一つは代償アプローチが個人の機能に関心を持つのに対して、コミュニティに基づくアプローチは個人の活動に関心を持つ、二つ目は前者が個人の変容に関心を持つのに対して後者は社会的変容に関心を持つ、三つ目は前者が学習の焦点が代償手段の学習であるのに対し、後者はアイデンティティの形成と自分づくりに焦点が当てられるの三点です。

(4) 「リカバリー」概念の紹介

「リカバリー」は精神障害の分野において発展してきた概念のようですが、論文では「障害受容」が「いつのまにか障害を持つ者の義務になってはいないだろうか？リハがうまく進展しない場合に、当事者が『障害を受容していない』と専門家は責めていないだろうか？」と問い、「疾病や障害を受容する過程は当事者のものであり、専門家や社会が強いるものではないはずである。『立派な障害者』を期待することとは新たな社会的不利を形成してしまう。一方的な障害受容論に反対するかたちで当事者自身がたどりついた」のがリカバリー論であると書かれてありました(7)。

(5) 段階理論、モデルへの当てはめへの批判

一九九〇年代以降、強く言われるようになってきたこととして段階理論への批判があります。実際の臨床場面では段階理論に沿わないことが多いこと、さらに「モデル先にありき」の思考法が、独断や偏見、幻想を生じさせるのではないかと、そうした姿勢に警鐘を鳴らしています。例えば、段階理論の適応を裏切る悲しい現象が自殺であるとし、自ら経験した自殺に至ってしまった脳卒中患者を紹介している論文がありました。そのなかでは段階理論への当てはめを行い、あたかも理解できたかのような幻想を抱くことや、受容できない症例を問題患者と考えることを謹むべきであり、患者の「している受容」を謙虚に見つめる実証的態度を基本に心の苦しみを具体的に把握し、患者が新たな可能性を発見し、生きる力が得られる活動を見いだすことが大切であるとしていました。

リハビリテーション臨床での用いられ方を考える

さて、なぜ「障害受容」という言葉は「支援の進行のうまくいかなさ」に対してクライエントや家族に責めを帰すかのように用いられてしまうのか、用いることができてしまうのでしょうか。

(1) これまでのまとめ

そのことを考える前に、以上の結果からわかったことを整理してみます。一九七〇年代、一九八〇年代はほぼ同じような路線を踏んできたとみてよいと思いますが、細かくみれば、この間に定義の確立、促進要因の着目点が個人因子から環境要因へと変化、リハビリテーションの手段から目的となり、専門職の役割検討から心理的アプローチの効果の確証へと論調は変化してきたと思います。

このような言説が、臨床現場にもたらした影響力とはどのようなものだったのでしょうか。私は次の二つの確証だったのではないかと考えます。一つが「障害受容」が支援の対象である（すべき）という確証、もう一つは「障害受容」は支援できるという確証です。そして一九九〇年代以降は、これまでの「障害受容」言説に対する異議申し立てが増えてきたことがわかります。これらにはほとんどすべて、臨床現場での用いられ方に対する反論が含まれていると考えます。しかし、そうした共通性を見いだすためにはもう少し説明が必要なようです。

(2) リハビリテーション臨床での「障害受容」の用いられ方

リハビリテーション臨床では、クライエントへの働きかけとして大きく二つのアプローチ法が存在します。「回復アプローチ」と「代償アプローチ」です。いずれも「できること」を目指す点は共通していますが、「正常な身体」に関して持っている価値は異なります。「回復アプローチ」は「代償アプローチ」よりも医学モデル的な見方をしており、正常を基準に見立て、そこからの乖離として障害が測定され、可能な限り正常へ近づけることが目指されます。つまり「正常な身体」に肯定的な価値を持っています。一方、「代償アプローチ」は「正常な身体」には大きな価値を寄せず、むしろ「自立的に生活が行える」ことに価値を設定しています。「回復アプローチ」から「代償アプローチ」への「価値転換」は、身体機能の査定を受ける本人でない限りは容易に行えると思います。特にセラピストはそのように訓練されていますからなおさらです。しかし、自らの身体が「回復する身体」と同定されるか、「回復しない身体」と同定されるかは、その本人にとっては重大な問題だと思います。特にそうした揺れの渦中にいるとあれば、自らの身体が「回復する身体」であってほしいと願う気持ちがことさらであることは容易に想像ができます。そうしたクライエントの心情は「回復アプローチ」から「代償アプローチ」への移行が困難な理由となるでしょう。

考えてみますと、「回復アプローチ」と「代償アプローチ」の「移行困難性」に「障害受容できていない」と使われる場面が多いことに気づきます（言うまでもなく、実際の訓練場面では両方のアプローチを同時並行で進めていくことも多いかと思いますが）。これまでの結果から気づくことは、日本において「価値転換」が大きく取り上げられたのは一九八〇年の上田敏氏の論文でしたが、それがリハビリテーション臨床における前述のような「価値転換」を必要とする状況とよく符合することから、臨床においてそのように使われるようになったのではないでしょうか。そして、一九七〇年代、一九八〇年代の二つの確証が、それに権威性や権力性を与える結果ともなり、「回復アプローチ」―「障害受容」―「代償アプローチ」という、いわば治療者にとって都合のよい「訓練の流れ図」のようなものができてしまったのではないでしょうか。

(3) そのような用いられ方の問題―一九九〇年代以降の研究・言説が伝えたいこと

こうした用いられ方の問題として、まずクライエントにとっての「障害受容」の問題が「訓練の流れ図」への適応問題としてすり替えられてしまうことが挙げられます。それではクライエントにとっての本質的・本来的な問題の解決とならないだけでなく、それを阻害してしまうことさえあるでしょう。セラピストにとっての問題は、それが思考上の制約を招きアプローチの円滑な移行にのみとらわれ、クライエントの固有の問題状況に目を向けられないことではないでしょうか。時にセラピストは、自らが訓練を受け培ってきた理論や原則、あるいは概念に拘束されクライエントの固有性に接触できない事態があるかもしれません。

そして、一九九〇年代以降の「障害受容」言説の共通性はそこにあると考えます。⑴は「訓練の流れ図」のなかでは顕在化してこない「障害受容」問題があることを指摘し、⑵は、ALSという「訓練の流れ図」にはそもそも適合しない難病ゆえにあらわすことができた「障害受容」問題を明らかにし、⑶は、「訓練の流れ図」を解体しようとする試み、つまり「訓練の流れ図」そのものをクライエントの固有性に開かれたものとするための試論とも受け取れませんか、⑷は新たな概念を提示し、「訓練の流れ図」の一環としての「障害受容」を批判、⑸は「段階理論」についてはモデルそのものの現実への適合性の問題ですが、「モデル先にありき」の問題性の指摘はまさにクライエントの固有性に目を向けることの必要性を指摘するものです。

つまりそれらは、「訓練の流れ図」のなかで用いられる「障害受容」とは異なる、もっとクライエントの固有性に開かれた見方・あり方を提示しようとしているところに共通点がありそうです。

以上はあくまで、リハビリテーション臨床における「障害受容」の使用法についての仮説生成的な検討でした。ここでの仮説を基にした実証的な検討は、第五章で行います。次章は、視覚障害を持つ男性のライフヒストリーを通して、「障害受容」は一度したら不変なのかというテーマで考えていくことにします。

文献

(1)田島明子：リハビリテーション領域における障害受容に関する言説・研究の概括。障害学研究二：二〇七―二三三、二〇〇六

本書では、紙面の都合上、紹介した内容の書誌情報は省略したが、詳しい書誌情報については同誌を参照されたい。

(2)高瀬安貞：身体障害者の心理。白亜書房、一九五六

日本では高瀬安貞が身体障害者の心理問題に着目し、「障害の受容」の概念を紹介したのが最

初とされている。

(3)岡本五十雄、菅沼宏之、鎌倉嘉一郎、他：脳卒中患者の障害受容（克服）。OTジャーナル三六：一六九―一七三、二〇〇二

(4)岡本五十雄、菅沼宏之、鎌倉嘉一郎、他：脳卒中患者の障害受容（克服）と希死念慮。リハ医学四〇：五三一―五三六、二〇〇三

(5)南雲直二：障害受容の相互作用論―自己受容を促進する方法としての社会受容。総合リハ三一：八一一―八一四、二〇〇三

(6)南雲直二：障害受容再訪―社会受容の意義とコミュニティに基づく援助。OTジャーナル三八：一一一―一一六、二〇〇四

(7)野中　猛：病や障害からのリカバリー。OTジャーナル三三：五九四―六〇〇、一九九九

脚注

注1　障害学会HP　〈http://www.jsds.org/index.html〉

注2　段階理論は障害受容論の核となる理論の一つであるため、少し詳しく説明をする。まず海外に目を転じると、Cohn（一九六一）が最初のようであるが、Cohn の段階理論は障害を喪失ととらえ、その後の反応を心理的な回復過程ととらえている。その後、Fink（一九六七）も段階理論を発表しているが、これは障害を一つの危機ととらえ、それに対する対処の過程に力点を置

いたものであり、これらには背景となる立場からいくつかの相違点があるようである。そのあたりについては本田、南雲（一九九二）に詳しく書かれている。

一九七〇年代の日本においては、永井（一九七七a、一九七七b）が、上述のCohnやDi Michealの段階理論を紹介している。また、本文中にある「麻痺手受容度検査」を作成し、障害受容の過程を分析していたのは松田ら（一九七九）である。

一九八〇年の、段階理論・価値転換論を前面に押した論文というのは上田（一九八〇）であるが、上田は「障害の受容の諸段階」について、ショック—否認—混乱（怒り・うらみと悲嘆・抑うつ）—解決への努力—受容の五段階に整理し、各段階における心理的機制と医療スタッフの対処の仕方について考察を加えている。ちなみに価値転換について上田はそれが障害受容の本質であるとしており、「障害が不便であり制約的なもの（inconveniencing and limiting）として認識しており、それを改善するための努力も続けているが、いまや障害が自分の人間としての価値を低めるものではない（nondevaluating）ものと認識でき、そういうものとして障害を受け入れる（承認する）こと」というWrightの定義を紹介し、その四側面について述べている。四側面とは次の四つである。価値の範囲の拡大（enlarging the scope of value）、障害の与える影響の制限（containing disability effects）、身体の概観を従属的なものとすること（subordinating physique）、比較価値から資産価値への転換（transforming comparative value into asset values）。詳しくは原著を参照されたい。

1、上田　敏：障害の受容―その本質と諸段階について。総合リハ八：五一五―五二一、一九八〇
2、Cohn N：Understanding the process of adjustment to disability. J Rehabil 27：16-18, 1961
3、永井昌夫：脊損者の心理。リハ医学一四：七三五―七三九、一九九七a
4、永井昌夫：障害者の心理(1)～(6)。理学療法と作業療法一一：七―一二、五四五、六二一、六九三、七六一、八二九、九〇一、一九七七b
5、本田哲三、南雲直二：障害の『受容過程』について。総合リハ二〇：一九五―二〇〇、一九九二
6、松田　勇、花岡寿満子、斎藤邦男、他：あきらめと執着―脳卒中片麻痺患者における麻痺手受容に関する心理的一検討。理学療法と作業療法一三：八五九―八六五、一九七九
7、Fink SL：Crisis and motivation：a theoretical model. Arch Phys Med Rehabil 48：592-597, 1967

第三章　「障害受容」は一度したら不変なのか

本章では、視覚障害のある男性のライフストーリーを通して「障害受容」は一度したら不変なのかというテーマで考えたいと思います。

障害受容論は段階理論で説明されることからもわかるように、ある到達点が想定され、そこに到達できればその後は不変であるような描かれ方がなされていますが、一度到達できればその後は不変なのでしょうか。前章でみたように、段階理論の現実との不整合性についてはすでに指摘がなされていますが、そのあたりはどうなのでしょうか。一度形成された肯定的な自己像は永続するものなのでしょうか、そうではないのでしょうか。本章では、そのあたりのことについて考えていきたいと思います。

本章の内容は、「Core Ethics」（注1）に掲載された研究ノート（1）に詳述しています。

「視覚障害のある男性」というのは私の知人です。インタビューをさせていただいたのが二〇〇六年の七月でした。当時、関西にある国立の大学院の博士課程に在学しておられ、年齢は二八歳でした。仮にAさんとしておきましょう。Aさんは先天性黒内障という珍しい病気により学童期に徐々に目が見えづらくなり、高校生の時にほとんど見えない状態になったそうです。私のほうからは、「ご自身の障害を取り巻くさまざまなことについて聞かせてほしい」とインタビューを依頼した以外は、特に質問票なども用意はせずとにかく自由に語ってもらいました。

上田敏氏は障害受容の定義を「障害の受容とはあきらめでも居直りでもなく、障害に対する価値観（感）の転換であり、障害を持つことが自己の全体としての人間的価値を低下させるものではないことの認識と体得を通じて、恥の意識や劣等感を克服し、積極的な生活態度に転ずること」としていますが、この研究ではこの上田氏の定義を採用し、Aさんの障害と生をめぐる語りのなかから、特に「自己肯定感の形成」「羞恥感情の揺れ」に注目し、それらの関連性を語りから紐解く作業を通して、上述の疑問に対する一つの回答を導き出していきたいと思います。

視覚障害のあるAさんのライフストーリー

早速、インタビューの結果をご紹介していきましょう。

(1) 小学校の頃

視力は弱視程度であったので、普通に自転車に乗ったり釣りをしたりして遊んでいた。小学校の頃は目が見えなくなるということの実感はなかった。知っていたか否かの記憶もない。ただ、黒板の字が見えづらい、鉛筆を濃い鉛筆に変えるなどの変化はあった。それにしても、Aさんにとっては「勉強に興味もなく、特になんてことはない」ことだった。しかし小学校五年生頃より急に視力が低下し始める。その頃の記憶に残るエピソードとして、父親が近所の子どもたちを交えてキャッチボールをした時のことがある。Aさんの視力ではボールを取ることは難しかった。その時、悔しさのあまり父親に対して「なんでおめえはおれだけ遊ばんねえのにそういう遊びすんのや」と怒ったのだった。その頃に、「なぜ自分の目だけ」と親に当たることはよくあったという。親も「障害児を生んでしまった」と自責の念にかられた時期であった。

(2) 中学校の頃

中学校からは、地元の小学校を離れ家から三〇分程度のところにある盲学校へ電車通学することになった。盲学校への進学はAさんの希望ではなかった。最初の一年半は、母親が仕事を辞め通学に付き添った。中学校三年生の頃に、自転車に乗っていて電信柱にぶつかり田んぼに突っ込んだことがあった。「命がいくつあっても足りない、もう自転車に乗るのはやめよう」と思った。私の「見えないことがわかることはショックではなかったですか?」の質問に対し、「盲学校の生徒たちのなかには自分より見えなくてもうまくやれてるやつがいるのに、こんなことでショックを受けるのは嫌だった。まあ、歩ければいいわなと思った」と答えた。とはいえ「小学校、中学校時代は、つまずいたり、ぶつかったりするたびに、悔しかったり、つらかったり、悲しくなったりしていた」とも語る。

(3) 高校の頃

高校二年生ぐらいになるとほとんど見えなくなってきた。高校二年生の終わり頃、たまたま友人との話のなかから視覚障害者でも大学に進学できることを知る。「おれ、大学行きてえよ」と思い先生のところに相談に行くも、「ばかばり言うな(ばかなことを言うな)」と言われる。それまで「どうせ理療(注2)でしょ」と思い「人生を諦めていた」Aさんは、ほとんど勉強をしてきておらず習熟度レベルが一番低いクラスにいた。先生からはそのように言われたが大学に進学する意志は変わらず、一年間の浪人生活を経て希望どおり大学進学を果たす。

(4) 盲学校(注3)での経験

入学して驚いたのはその人数の少なさであった。同学年はAさん含めて一二人だった。そして入学式の際、隣の男子がさりげなく手引きをしてくれた。それがAさんにとってはカルチャーショックだった。盲学校の頃に最も嫌だったことは交流教育であった。地域の小・中・高校生との交流である。交流教育では、「やってもらったらありがとうと言え、お前ら迷惑かけながら生きてるんだぞ」という先生からの潜在的なメッセージがあったと感じている。またAさん自身、視覚障害者が大学に進学できることを友人から教えてもらって知った経緯があり、学校側からは進路についての情報が十分には提供されなかったと感じている。それには、視覚障害者は、はり・あんま・マッサージなどの理療に行くものという常識的障害観へのとらわれが影響しているとAさんは考えている。

(5) 大学進学後

大学に進学した当初は盲学校卒ということに対して劣等感があった。「自分は障害者であり、盲学校しか知らないので人と喋れるか」と心配だった。「目悪いやつらとばっかし関わってきて、一般の人たちとうまくやっていけんのか」と。心配するまでもなく友だちはすぐにできた。だが、友だちとのかかわりのなかで「周囲の人たちはいろいろなことを知っていて賢いが、それに比べて自分は話題が少ない」と感じるようになる。だからいろいろな勉強会や学習会に参加した。そうしたなか「世の中は多様なんだな」と感じるようになる。さまざまな人とのかかわりのなかで障害者の問題を考えていく時に、インテグレーションやインクルージョンという視点、分離教育を問題化する言葉があることを知り、「よかった」「俺の考えたこと、全然間違ってなかったんだ。高校時代、漠然と一緒のほうがいいじゃんって思ってた」と思った。そのほかにも山田富秋先生（注4）が『生の技法』（2）という本を紹介してくれたりしたことで、それが一つの思想としてあり運動として展開されてきた経緯を知り、「障害者はわがままでいい、いままで人の言うことを聞け、ありがとうと言えって教えられてきたけれど、でも、そうじゃない。もっと人にどんどん依頼していいし、どんどん頼ってもいいし、それが当たり前なんだ。そういう関係のなかで生きていくのが人間なんだ」というメッセージを受け取り、それは自身の障害観に対しても大きな変容をもたらした。これまでは例えば電信柱にぶつかると「くそー、おれは障害児、やっぱつらいなぁ」だったが、いまは「あ、いてえ、柱にぶつかってしまった。終わり」である。たしかに不自由を感じることはある。例えば墨字の手紙が来た時だ。それを読むことはできない。これまではそんな時「おれは見えないからダメだ」と思っていた。いまはまったく異なる。「わかるように点字で書けよ」と思うようになった。思考の枠組みが「社会モデル的思考」(3)になったと語る。

(6) 土地に付着する羞恥感情

Aさんは盲学校を卒業後、大学進学のために宮城から京都に来て以来、約一〇年間、関西圏域(現在は大阪)で一人暮らしをしている。「障害が否定的感情を呼び起こすことがありますか?」という質問に対し、「宮城に帰ったら、嫌」と答える。宮城の実家の周辺は、昔は普通に歩き自転車にも乗っていた街である。親の知り合いもいるし、自分のことも知っている。「息子さんがあんなふうになって」と思われるのがまず嫌という。「昔いた街で白杖つくっていうのは、何なのかな、この気分は。うまく言語化できないな」とも語る。その後、Aさんはこの不可解な気分を言語化する努力を続けてくださった。その不可解な気分には、まず「障害者」となった新しい自分が「恥ずかしい」気持ちがあると指摘する。また、それは親の障害に対する態度が影響しているようである。しかし、そうした感情は現在生活している大阪では生じないという。それには街に付着する「イメージ」も関係するという。大阪に対するAさんのイメージは、開放感があり障害に対しても過度の関心を寄せず、

	小学校	中学校	高校	大学・その他
障害変化	見えづらい	悪化	ほとんど見えない	→
障害肯定-否定感	否定 →	→	→	肯定
羞恥感情	ある →	→	→	ある（地元） なし（大阪）

図　時間変化と障害肯定感・羞恥感情の変化との関係

理解がありそうにみえるとのこと。それに対して、生まれ育った地元の街は親族もたくさんいて、その人たちから「障害者」である自分は「かわいそう」と思われているであろうという推測がある。Aさんはこの地元の街について、「保守的で全然障害に対して理解がなく、好奇の目で見られる」というイメージを持っている。そして、この街に帰ると「くそ、障害者と思われたくねぇ」という気持ちが生じる。現在生活している大阪ではまったく生じない気持ちである。また、親は、白杖を持ってAさんが街中を歩くのをよしとはしない。それは親が「恥ずかしい」からなのか、「心配している」からなのかはわからない。しかし、Aさん自身も地元では思うように行動がとれず、歩いてたった一〇分の距離でさえ親に迎えにきてもらう。大阪ではまったく考えられないことである。

インタビュー結果のまとめ

以上の結果を、「小学校」「中学校」「高校」「大学・その後」の時間軸を横軸とし、「障害変化」「障害肯定―否定感」「羞恥感情」の三つの分析視点を縦軸とすると次のような図式を描くことができるかと思います（図）。

この図式から次の三点が指摘できます。まず障害の肯定―否定感は、障害の重度とは連関しないこと（障害が重いから否定感が増すわけではないこと）、もう一つは、否定感と羞恥感情はそれが生起する関係性とともに深いかかわりがあるだろうということ、三つ目は肯定感が形成された後にも障害にまつわる否定感・羞恥感情は再燃するものであるということです。

今回のテーマは、「一度、肯定的自己像が形成されたならそれは永続するものなのであろうか。あるいは、肯定的自己像が形成された後にもそれが揺れ動くとすればそれはどういった事象が起因しているのか」という疑問に対し、一つの回答を導き出すというものでしたから、三つ目についてさらに考察を進めます。

スティグマ経験

まずAさんの場合、否定感が形成された場・人（宮城）と肯定感が形成された場・人（関西）が異なっていることが指摘できます。その対比はAさんの語りのなかでも特徴的なものであると考えます。Aさんが大学受験をする（また、大学進学を果たす）ということは、これまでの視覚障害を持つ人の進路としては（特にAさんが教育を受けた盲学校では）常識を超えるものでした。つまり、宮城から関西へ生活拠点を移すというAさんの行為は、ただ場所を移動するという意味合いだけでなく、これまでAさんが受けてきた盲教育における常識的障害観の枠を越境する意味合いを含み持っていたことをまず確認しておく必要があるでしょう。もっと言えば、宮城において形成された障害に対する否定感・羞恥感を改変しようという（潜在的であれ）意図が含まれていたと考えてよいと思います。

具体的には、Aさんは宮城の人たちに対して「保守的で障害者に全然理解がなく」「好奇の目で見る」「かわいそうと思われる」というイメージを持っていました。それには、もちろん、これまでに蓄積してきた経験が大きく影響していると考えられます。例えば、親が障害児を産んだことに対して自責の念にかられていたこと、一般の中学校への進学が叶わずやむなく分離された教育を受けざるを得なかったこと、障害を持っているがゆえに将来への希望が持てない時期があったこと、教育者から進路についての十分な情報提供を受けられなかったこと、迷惑をかける存在として見なされること。おそらく、それらはAさんの障害に対する否定的経験・差別的経験のほんの一部にすぎないと推測されます。こうした否定的経験・差別的経験を総称して「スティグマ経験」(4)とします。つまり、Aさんの障害に対する否定感・羞恥感情の源泉は、こうした「スティグマ経験」によるものといって大きな間違いはないと思われます。さらに言えば、Aさんにとってそれらの経験は感覚・感情という自己制御不能な領域を浸蝕するほどに深く突き刺さる経験だったのでしょう。

Aさんは宮城の街中では「障害者と思われたくねぇ」「『白杖』を使用したくない」とも語っていましたが、「白杖」は視覚障害があることを表すものであり、これは端的に言って「スティグマ経験」を回避しようという意図があるものと解釈できます。

感覚・感情／認識・思考

さて、「障害の受容とはあきらめでも居直りでもなく、障害に対する価値観（感）の転換であり、障害をもつことが自己の全体としての人間的価値を低下させるものではないことの認識と体得を通じて、恥の意識や劣等感を克服し、積極的な生活態度に転ずること」という上田敏氏の障害受容の定義に照らすと、Aさんの場合はどうでしょうか。

故郷を離れ、一人暮らしをしながら自分の行きたかった大学・大学院進学を果たし研究活動を行うAさんは、盲学校の学生のなかでも一際目立つ経歴を有する人ではないでしょうか。少なくとも消極的な生活態度とは思えません。そしてまた、関西におけるさまざまな学びを通して、Aさんは「障害のスティグマ化」を問題化、あるいは否定する思考法を習得します。しかも「開放感があり、障害に対して理解がある」という関西に対するイメージがあるように、Aさんは関西では白杖を使いどこにでも行けるし、友人もたくさんいます。つまり、障害がスティグマとはならない関係性を幾重にも構築してきたのであり、そうはならない関係性が存在可能であることも十分に了解しているわけです。つまりこの定義に照らせば、Aさんは「障害受容している」と十二分に見なされるのではないでしょうか。

しかし、そうであっても、感覚や感情など自己においても制御不能な領域へ浸透している「スティグマ経験」が経験を生起させた場・人に対する「(否定的)イメージ」を形成し、否定的感覚や羞恥感情を再燃させることがあることをAさんの語りは教えてくれていると考えます。当然かもしれませんが、したがって、認識や思考の領域は感覚や感情の領域と直接的に連動はしないといえます。いかにその後障害に対する肯定的ロジックや関係性における肯定感を獲得できたとしても、「スティグマ経験」は感覚や感情によって、その後の経験とは置き換え不可能な唯一無二の経験としてAさんに刻印されているのだと考えます。

問いの答え

以上より、本章のテーマである「一度、肯定的自己像が形成されたならそれは永続するか、肯定的自己像が形成された後にもそれが揺れ動くとすればそれはどういった事象が起因しているか」の回答としては、過去の「スティグマ経験」により形成された否定感・羞恥感情については、その後肯定的自己像が形成されたとしても「スティグマ経験」に起因する場や人に対するイメージが引き金になり、そのイメージが喚起される状況設定において再燃する可能性はあること、またそれは本人の意志的行動を規定・限定する大きな要因となるということが一つの回答として指摘できると思われます。

関係性主義について

こうした結論は「スティグマ経験」の生じない関係性の大切さを提唱することになり、それは当然、大切なことですが、そうした主張をとりあえず拒絶しておきたいと思います。なぜなら、私はこのAさんの経験をそうした帰結に安易に結びつけることが腑に落ちないからです。なぜそう思えるのか、最後にそのことを考察したいと思います。

私がAさんへのインタビューを通して最も強く心に残ったことは、Aさんが「スティグマ経験」にさらされた投げやりな自分を立ち上がらせ、おそらく努力と挑戦心と自立心を持って関西の地に自分の足で降り立ち、自己を肯定できる関係性を築いたり思考法を学んだりしてつくり上げた肯定的自己像が、過去に植えつけられた土地や人のイメージとともに再燃する否定感覚や羞恥感情によって呆気なくといえるほどさらわれていってしまうという事実です。Aさんは、そうした否定感覚や羞恥感情をぬぐい去ろうとして肯定的自己像を築いてきたはずにもかかわらずです。

前述の上田敏氏の定義では「障害をもつことが自己の全体としての人間的価値を低下させるものではないことの認識と体得を通じて、恥の意識や劣等感を克服し」とありますが、Aさんの語りを通して見えてきたことは「(障害が)人間的価値を低下させるものではないことの認識と体得」と「恥の意識や劣等感の克服」との途絶についてでした。それは私たちおのおのの経験を振り返ってみても、想像できなくはないことでしょう。固有の経験やイメージのなかに恥の意識や劣等感が押し込まれ、たとえ揺るぎない肯定的自己像を武装できたとしても、その経験やイメージが喚起されることで押し込まれた羞恥感情や否定感が自己制御不能なものとして再び立ちあらわれるということがです。とはいえ、たとえそうした事象を私たちが想像できたとしても、その経験はやはり唯一無二の経験です。そうした唯一性によって「スティグマ経験」と羞恥感情や否定感は結ばれているのです。

私たちがAさんの語りから、すぐさま「スティグマ経験」の生じない関係性の大切さを導出しようとする時、私にはそれとともに肯定的自己像へ至るまでの道のり、そして「スティグマ経験」と分かちがたくある羞恥感情や否定感までも同時に霧散してしまうように感じられるのです。極端な言い方ですが、「スティグマ経験」こそがAさんの語り（＝人生）を形成していることがわかると思います。だからといって、「スティグマ経験」を奨励しているわけでは断じてないのですが、「スティグマ経験」はAさんの人生の厚み分の影響力を持ったものであったとはいえると思います。その影響力とは、言い換えるならAさんにとって存在や障害の価値を肯定する方向へ向かわせようとする原動力のようなものとしてあったとも考えます。

「関係性」「相互作用」への着目は、（ありていにいえば）AからBへの行いについて、よからぬ部分（障害に対する否定、差別）を差し引いたものにしましょうという提案ですが、スティグマの源泉を辿ると、それは単純に関係性から生じるものだけでもなく、関係性を取り巻く一般社会に浸透する価値や規則、あるいは規範（5〜7）からも大きな影響を受けているといえると思います。つまりそこに、単純な算術における解決の困難が、まず示されます。もう一つは、「スティグマ経験」を「差し引くもの」として扱うことの困難性です。つまり、Aさんの語りからは、そうした算術的発想として「スティグマ経験」を扱うことはもはやできないということです。

その理由は上に再三述べてきたとおりです。つまり、Aさんにとっての「スティグマ経験」はAさん自身を形成する幾重にもなる血流にすでに溶解しているため、それは否定したり肯定したりできる価値的世界を存在することはもはやできないと考えられるのです。それゆえに、私たちはAさんの語りを得て、安易な関係性主義に陥るのを避ける必要があるように思われます。

問われるべきは、他者・社会が持つ障害の否定観（感）

最後に、「障害受容」について考察を加えておきたいと思います。今回の検討では至極単純な結論とはいえ、「障害受容」という状態は現実的には当てはまらないことを示すものであったと考えられます。しかも羞恥感情や否定感覚は他者の言動や態度が起因して形成されたものであり、Aさんの生はその羞恥感情や否定感覚を乗り越え、いかに肯定的自己像を獲得していくかの歩みだったといえます。Aさんの障害をめぐるその生は他者から付与された障害への価値づけをいかに否定から肯定へと変容させ、羞恥感情や否定感覚から自由になるかというものでした。それは逆に言うなら、他者による障害への否定的な価値づけという契機さえなければ生じ得なかった生の振幅ともいえるでしょう。ということは、そうした社会をも含めた他者による障害への否定的な価値づけがなければ、「障害を受容」するという個人が行う障害への否定から肯定への変換の営みもいらないという帰結を導きだすことになります。問われるべきは社会や他者が有する「障害の否定観（感）」といえそうです。

文献

（1）田島明子：「障害受容」は一度したら不変か―視覚障害男性のライフストーリーから考える―。Core Ethics 3：409–419, 2007
〈http://www.ritsumei.ac.jp/acd/gr/gsce/ce/2007/ta01_2.pdf〉にアクセスすると論文の全文を閲覧できる。
（2）安積純子、岡原正幸、尾中文哉、立岩真也：生の技法。藤原書店、一九九〇
（3）Oliver M：The politics of disablement：a sociological approach. Macmillan, London, 1990
「障害の社会モデル」は、イギリスのOliverが「医療モデル」と対立する概念モデルとして提

唱したものである。「障害の社会モデル」は障害を排除したり、否定的な価値付与を行ったりする社会に焦点化をして問題の解決を図ろうとする思考モデルである。

(4)アーヴィング・ゴッフマン：スティグマの社会学—烙印を押されたアイデンティティ。せりか書房、一九七〇

ゴッフマンによると、スティグマとは「人の信頼をひどく失わせるような属性」(一二ページ)をいい、その中に障害を含めている。そして、「スティグマのある人を、定義上当然充全な意味での人間ではない、とわれわれは思いこんでいる。この非反省的仮定に基づいて、われわれはいろいろの差別をし、まま深い考えもなしにということもあるが、事実上彼らのライフ・チャンスを狭めている」(一五ページ)と指摘している。

(5)天田城介：〈老い衰えゆくこと〉の社会学。多賀出版、二〇〇三

〈老い衰えゆくこと〉の社会学〔普及版〕。多賀出版、二〇〇七(第三回日本社会学会奨励賞「著書の部」を受賞)

例えば、立岩(6、7)では、私的所有の規則についての検討がなされ、天田(二〇〇三)では、価値の配置をめぐる政治について検討がなされている。天田(二〇〇三)は大著(重い)であるが、持ち運びに便利なソフトカバーの(普及版)が二〇〇七年に同じ出版社から出ている。高齢者の支援のあり方を考える際には、この本から始めたいと思える本である。

(6)立岩真也：私的所有論。勁草書房、一九九七

（7）立岩真也：自由の平等―簡単で別な姿の世界。岩波書店、二〇〇四

脚注

注1　〈http://www.ritsumei.ac.jp/acd/gr/gsce/ce/index.htm〉が『Core Ethics』に関するＵＲＬ。多士済々、さまざまなテーマを持つ院生がいることがわかる。障老病異に関わるテーマを持つ人もたくさんいる。皆さんのご関心のある論文があるかもしれない。掲載論文はＰＤＦファイルにて全文を読めるようになっているので、ぜひ参照されたい。

注2　理療とは東洋医学的治療のうちあんま・マッサージ・指圧、鍼、灸を総称するものである。その行為は、「あん摩マッサージ指圧師、はり師、きゆう師等に関する法律」に定められており、医療および公衆衛生の普及向上を図ることを目的とした国家資格による医療類似行為と位置づけられている。

注3　学校教育法の一部を改正する法律を踏まえ、二〇〇七年四月から特別支援学校となっている。

注4　京都精華大学人文学部教員。Ａさんが最初に進学した大学が京都精華大学だった。

第四章　南雲直二氏の「社会受容」を考える

本章では、私が作業療法を担当させていただいた女性、野中さん（仮名）へのインタビュー結果を通して、南雲直二氏の社会受容論について考えます。本書の内容は、「Core Ethics」(1)に掲載された論文に詳述しています。

第二章において、南雲氏の社会受容論についてご紹介しましたが、一九九〇年代以降、従来の障害受容論に対する批判的な研究・言説が増えたなかで、この南雲氏の社会受容論は、従来の障害受容論が障害を持つ本人のみに受容を強いていたことを批判し、他者や社会のあり方に視点をシフトさせました。また、そうした視点から新たな支援方法を検討しており、これまでの障害受容をめぐる理論の流れを大きく変えたように思います。第三章で確認しましたが、障害に対する他者や社会からの否定的な価値づけがなければ、「障害を受容する」という個人による障害の否定から肯定への転換作業もいらないとさえいえるわけですから、この点は重要なことだったと思います。

しかし同時に、私は社会受容論に疑問も覚えました。その疑問は三つありますが、それらを説明する前に社会受容論の概略についてご紹介します。

社会受容論の概略

南雲氏は、障害を持った時に生じる〝心の苦しみ〟を二つに分け、第一を〝自分自身の苦しみ〟、第二を〝他人から負わされる苦しみ〟としました。そして、これまでの日本の障害受容論には第二の苦しみが抜け落ちてきたとし、第一の受容を自己受容、第二の受容を社会受容としました(2)。

南雲氏は、第二の受容である社会受容の問題を明らかにするために、第三章でもご紹介したゴフマンのスティグマ論を紹介しています。なぜ南雲氏がスティグマ論に着目したかというと、スティグマ論が社会に根づいている障害に対する見方や態度を問題とし、それが障害を持つ人の社会的アイデンティティの形成に大きな影響を及ぼすことを述べているからだと思います。では、社会に根づく障害に対する見方や態度とはどのようなものでしょうか。それは端的にいうと「排除」です。

さらに南雲氏は、「〝障害者〟は社会的カテゴリーが確立していない」ので、「身体障害によって社会の人々の見方が不可逆的に変えられてしまい」「身体障害によって人生を意味あるものにしてきた信念といったものが崩れてしまう」ことを指摘します。

また社会受容の状態については、「社会受容とは社会が障害者を受け入れることでした。ではどこまで受け入れるのか？　その最終ゴールを〝完全参加の実現〟に置いているのはもちろんですが、まず当面の目標としては、身近な参加の実現に置こうと思います」と述べています。

つまり社会受容論は、障害を持つ人に対する他者や社会からの排除を問題としていることがわかります。その理由は孤立が障害を持つ人を苦しませ、障害を持つ人の適切な社会的アイデンティティの再形成に悪い影響を及ぼすからとまとめることができるでしょう。そして、社会受容のための具体的な実践として、自立生活センターなどの自助グループ（注1）に求めました。なぜかといえば、「スティグマに汚染されない」新たな人間関係づくりのためには「経験を共有」し合える仲間が必要であると考えたからです。

三つの疑問

さて、ここで、社会受容論に対する私の三つの疑問について述べます。

(1) 苦しみは他者や社会の態度からのみ生じるか

一つは、〝他人から負わされる苦しみ〟は、他者や社会の態度からのみ生じるものだろうかという疑問です。私には臨床経験などから、その苦しみは、単純に誰かから何かされて苦しいだけではないのではないかと感じられたことがあります。苦しんでいるその人には、その苦しみを受け止めようとする温かい家族がいたりもするのです。しかしその苦しみは、家族との長年にわたる関係が関連してもいるらしいと感じました。私は、その苦しみの原因が、家族などの重要な他者との関係によってその人につくられた価値観や「〜すべき」という規範意識によるものではないかと考えました。

(2)「受容」でいいのか

この疑問は、夜間の大学院で障害者就労について考えていたことに遡ります(第一章で既述)。障害者就労を支援する制度に法定雇用率制度がありますが、これは事業主などに障害者の雇用の義務を課すことにより、障害者の雇用を促進しようという制度です。私はこの制度に解せないものがありました。というのも、こうした制度に乗って雇われたとしても、雇われた本人にとっては、雇ってもらっている後ろめたさを感じてしまうことがあるのではないかと思えたのです(注2)。周囲の人たちの温かい心や情け心による受容や参加もあり得るでしょう。そのような周囲の気持ちによる受容や参加が、その人にとって自分が肯定されていると感じられるだろうか、あるいは、その人の存在を承認していることになるだろうかという素朴な疑問があったのです。

(3) 自助グループ（だけ）でいいのか

三つ目は、自助グループが唯一の答えにはならないのではないかということです。自助グループは、障害を負った身体を肯定できる価値観を発見したり、創出したり、共有したりできる他者との出会いの場である可能性はもちろんありますが、その価値観は、長年連れ添った夫婦や家族の関係のなかでつくられてきた価値観とは異なるものである可能性があります。つまり、自助グループで自分（の障害）を肯定できる新たな価値観に巡り会えたとして、それが、これまでの夫婦や家族の関係からつくられてきた価値観や「～すべき」という規範意識とは相容れない価値観である可能性があるのではないかという疑問です。しかしそれでは、いくら自助グループで自分を肯定できる価値観を持つことができて元気になれたとしても、夫婦や家族の関係では逆にうまくいかなくなってしまう可能性があると思われたのです。

研究の概要

これらの疑問を検討するために、前節「三つの疑問」の(1)で述べた理由から、「元の身体に戻りたい」と涙されていた、障害を持つ女性、野中さん（仮名）へのインタビューの結果より、長年にわたる夫婦や家族の関係からつくられてきた価値観や「〜すべき」という規範意識について分析してみることにしました。野中さんにインタビューをさせていただくことにした理由は、私が野中さんの作業療法を担当するなかで、障害を持った現在の身体を否定し涙する様子が多く見られたこと、また私との信頼関係がある程度はできており、率直なお話をうかがえると判断したことが挙げられます。

(1)　野中さんについて

二〇〇四（平成一六）年に左視床出血により右片麻痺を発障されました。インタビュー当時は五四歳。夫と子どもの三人暮らしです。夫が野中さんの実家の家業を継いでいます。発障前、野中さんは家族の世話と同時に家業の経理も担当していました。

(2) インタビュー

退所日近くに一時間三〇分程度お話をうかがいました。野中さんには「施設生活の不満やリハビリテーションに関すること、障害に対するいまの気持ちなど、どんなことでもよいから野中さんの現在のお気持ちを聞かせてほしい」とお願いしただけで、後は自由に話をしてもらいました。

(3) 対象と方法

お話を録音して文字化したものから、特に家族や入所者など他者との関係についいてお話しくださっている内容に注目をしました。野中さんは、家族、とりわけ夫との関係について多くを話されました。夫婦は、愛情を基盤とする人間関係とされますが、家族や夫婦の関係を維持していくなかで、夫婦の間に性別による役割の違いや力関係が生まれたりします（注3）。こうした日々のかかわりのなかで、ある役割を当然行うべきものとしてその人に身についていくこともあるでしょう。そして、障害を持ち、妻、母としてこれまで行ってきた役割が行えなくなるとすれば、大きな葛藤を呼び起こすであろうことは容易に想像がつきますが、そうしたお話に着目して分析を行うことはこの研究の目的に適っていると考えました。

インタビューの結果

野中さんのお話された内容そのままを知りたい方は文献1をご覧ください。以下は野中さんがお話しくださった内容をまとめたものです。

(1) 発障前の生活

一九歳で結婚後、発障まで母親や妻としての役割を担ったり、自営の手伝いをしたりと休みなく働いてきた。そうした生活は結婚前には予想していなかったものであり、「結婚して幸せだったのは最初の二年ぐらい」と言う。夫の機嫌を夫の足音で感じとる。夫が家に帰宅しない日もあった。そういう時は自分が悪いのだろうと思った。

(2) 脳出血を起こした時

脳出血を起こした時は自営の仕事の手伝いをしていた。集金に行ったり銀行に行ったりして事務所に帰ってきたところ、気分が悪くなった。子どもが救急車を呼んだ。救急車内ではすでに意識がなかった。もともと高血圧だったが、その日も仕事が忙しく「夫の顔色を窺う」と病院に行くことはできなかったという（夫の「今日は仕事が忙しいから行かないでくれ」という意志表示があったともいう)。

(3) いまのお気持ち

障害を持ったことで、これまで行ってきた主婦としての役割を担えないことを「みじめ」に思っている。夫にも子どもにも「悪い」と思っている。「つらいこと」だと言う。自分の人生は発障と同時に終わったと感じている。楽しい気持ちになれず常に涙がでてくる。

(4) 夫との関係

夫に怒鳴られるのは怖いことであり、これまで夫の機嫌を窺いながら生活をしてきた。発障したその日も、「今日は仕事が忙しいから行かないでくれ」という夫の意向を優先し、病院へ行くことを差し控えていた。とはいえ、施設に夫が顔を出してくれることは大きな喜びである。また、歩けるようになった姿を真っ先に見せたいのも夫であり、それを「私の花道」と表現する。これからの生活については、野中さん自身としては、これまで行ってきた主婦としての仕事をできるだけ行いたいという希望があるが、夫がそれを許さないだろうと考えている。

(5) ほかの利用者とのかかわり

入所時の印象として、ほかの利用者との関係は良好であるとはいえず、どちらかといえば孤独感を深めていった印象がある。入所中、幾度か「家に帰りたい」という発言もあった。インタビューではほかの利用者に対する不満が語られたが、それらはひるがえって、野中さんの価値観や「〜すべき」という規範意識を反映するものである。例えば、自分では何もやろうとせず夫まかせの女性に対して、「ご主人になるべく迷惑がかからないように、自分でやれることはしなきゃダメよ」、男性と女性が一緒のトイレは嫌という人に対して、「この病気になったら男も女もないのだから、そんな不満を言うものではない」と言う。また、野中さんが肯定的に受け止めていたKさんについては、「Kさんの笑顔に励まされ、歩くのがんばろうと言われ、がんばろうという気持ちになった」と語る。しかしそのKさんが再発し、以前より障害状況が悪化し、Kさんから笑顔が消えた様子を見て「さびしい。私も再発するのではないか」と不安を漏らした。

野中さんの価値観や規範意識について

(1) 野中さんの価値観と規範意識

ここでは、野中さんの価値観や「~すべき」という規範意識のポイントを整理します。

野中さんは、「よい妻」「よい母」であるべきという規範意識が強いことがまずわかります。野中さんの考える「よい妻」とは夫の期待する妻の役割をしっかりと行える妻であり、「よい母」とは家事などの母親としての仕事をしっかりと行える人のことです。

野中さんの発障後、夫は野中さんの再発を恐れて野中さんに対して何も（できることさえも）やらせようとはしません。野中さんと夫との関係は、これまで夫の意向が優先されてきたようです。野中さんは自分でできることがあればやりたいと思っていますが、夫からそれを止められ、葛藤とともにあきらめを感じています。これまで「よい妻」「よい母」を実践してきた自分に対しては肯定感を持っている発言がありましたので、「できることをやる」というのは肯定できる自分を取り戻そうとする一つの戦略であると考えられます。しかし、その戦略は夫からの妨害により達成されないであろうと悲観的な予測をしている点は、長年を経てかたちづくられてきた夫との力関係の強固さを物語っていると思われます。

また、「自分でできることがよい」「相手に迷惑をかけることは悪い」という価値観を持ち、それが行動の規範となってもいるようです。そのことは施設内の人間関係においては、介護老人保健施設という環境における規範（注4）と相まって、ほかの利用者にとっては優等生的発言として受け取られて、煙たい存在となっていた可能性があると思います。さらに、こうした価値観を持つ野中さんにとって、例えば夫まかせのほかの利用者は否定感を誘う存在であり、距離を保って接触していた可能性があります。そうしたなか、孤立感を深め「家に帰りたい」という発言にもつながっていった可能性があると思います。

一方で、野中さん自身が価値を置く、リハビリを一生懸命にがんばるKさんには肯定・同化できるものがあり、野中さんにとって大きな励みとなったのでしょう。そうであるだけにKさんの再発・障害の悪化は、自分の身体に生じた脳卒中という経験を思い出させ、再発に対する恐れを起こさせたと考えられます。また、「女でも男でもない身体」という発言がありましたが、そうした性別を逸脱した感覚はこれまでの「よい妻」「よい母」という役割を行ってきた自分からの距離感を起こさせるものであったかもしれません。こうした身体経験や性別を逸脱した感覚は、今回の対象とした価値観や規範意識とは性質を異にするものと思いますが、障害を持ったことによる苦しみに深く関わると考えます。

(2) 上田敏氏の障害受容の諸段階に当てはめてみる

こうした野中さんの心の状況は、上田敏氏の障害受容の諸段階に当てはめるなら「混乱期」に相当すると考えます(7)。また、発言からは「内向的・自罰的傾向」が強いと考えられます(注5)。しかしそこは少し複雑であり、「発障前、高血圧症であったにもかかわらず、夫には病院にも行かせてもらえなかった」「父親も同じ病気だったから不安もあったが、自分としてはまだ大丈夫と思っていた」とあり、夫への責めの気持ちと自分への過信に対する後悔の念が渦巻くなか、すべてを自分で背負い込もうとする重たさと憂鬱さが野中さんの内向的・自罰的発言には感じられます。

第二章でも確認したように価値転換論は障害受容論のキー概念ですが、たしかに野中さんの場合、これまでの家族や夫婦の関係からつくられてきた価値観があり、それが野中さんの身体をめぐる諸変化に否定的に働いていることはたしかなようです。ですから、「価値転換を図ることで肯定的自己を見いだそう」という価値転換論の考えは野中さんにも当てはまることではあると思われます。

(3) 価値転換できない要因

しかし、そう容易に価値転換できない要因について考えますと、これまで家族関係を良好なものとして継続することに貢献してきた野中さんの価値観や「〜すべき」という規範意識が、逆に現在の状況を否定的に見なしていることが指摘できると思います。つまり、野中さんは夫の意向に敏感に注意しながら、夫の期待する「よい妻」「よい母」を必死に演じてきました。野中さんの価値観や「〜すべき」という規範意識は、自分を肯定してもらえる家族関係を維持していくためにも必須のものであったわけです。わかりやすく言うなら、「よい妻」「よい母」として野中さんががんばってきたことで、野中さんは自分を肯定できたし家族関係をうまくいかせることにもなっていたということです。

しかし、障害のために「よい母」「よい妻」を行うことが難しくなったいま、家族はもはや荷物としての自分を受け入れるしかなくなってしまったと野中さんは思っています。家族は野中さんの受け入れを拒むことはありません。夫は、むしろ野中さんを過保護ともいえるほど大切に扱おうとしています。とはいえ、野中さんは「これまでの役割で担える部分はやりたい」と思っており、これまで行ってきた役割を担えることを肯定できる自分を取り戻すための一つの戦略と考えています。しかし、これまでの夫との力関係を考慮すると、こうした野中さんの意向を夫が汲んでくれるとは考えがたく、この戦略は達成されないだろうとも野中さんは思っています。

以上から野中さんが価値転換できない要因についてまとめます。まず、野中さんの身体状況がAからBに変化しました。野中さんのこれまで持ってきた価値観aは、現在の身体状況Bを否定的に見なします。だから現在の身体状況Bを肯定できる価値観bを創出しましょうというのが価値転換論の考え方ですが、その価値観aは家族や夫など野中さんにとって重要な人たちから見て自分を肯定してもらえるためのものでもあったわけです。野中さんにとってそこが重要な点と考えます。つまり野中さんが容易に価値観bに移行できない最大の理由は、価値観bでは野中さんにとって重要な人たちから見た時に自分を肯定してもらえない、あるいは、野中さんにとって重要な人たちから見て自分を肯定してもらえそうな価値観bが見あたらないということではないでしょうか。

「社会受容」を考える

さて、ようやくここで私が社会受容論に抱いた三つの疑問についての答えを探していきます。

(1) 苦しみは他者や社会の態度からのみ生じるか

まず一つ目からです。一つ目は苦しみは他者や社会の態度からのみ生じるものかという疑問でした。南雲氏の表現する苦しみに、野中さんのインタビュー時のお気持ちを当てはめることには大きな問題はないでしょう。そのことを前提としますと、野中さんの苦しみの発生の要因は、やはり単純に他者や社会の態度や見方が直接的な原因ではないことがわかると思います。話はもう少し複雑です。

夫婦や家族などの身近で重要な人たちとこれまで築いてきた関係があり、その関係が夫から妻への統制的なものであったとしても、また野中さんにとってその関係が苦痛なものであったとしても、野中さんはその関係や役割を自分から引き受け、それによって自分に対する肯定感を得てきたわけです。また、そうした主体的な引き受けには、「よい妻」「よい母」で「あるべき」という規範意識が強く影響していたことがわかります。しかし、障害を得たいま、これまで担ってきた役割を十分に果たすことができません。そのことが、「よい妻」「よい母」で「あるべき」という規範意識とぶつかり合ってしまうために野中さんは苦しい心の状況となっているわけです。

ポイントは、①（野中さんにとって）重要な他者とのこれまでの関係のあり方、②関係における行動の指針となる価値観の存在、③その価値観が現在の身体（能力）をどう見るか、の三つであると思います。

野中さんのなかでこうした価値観や規範意識がどのようにつくられてきたかを突

き止めるのは難しいですが、野中さんの価値観や規範意識は一般社会に共有されやすい価値観や規範意識だと思います（注6）。そしてそれらは、長年にわたる夫婦や家族関係のなかで野中さんに深く身についていったものでした。それは他者や社会を迂回して、自分が自分を図らずも苦しめてしまっているという図式でとらえられると思います。このような複雑な経路を辿る価値観や規範意識が野中さんの苦しみの要因であること、それが自分自身への肯定感をめぐる葛藤の要因であるといえるかと思います。

(2)「受容」でいいのか

次に二つ目の疑問についてです。受容や参加によってその人の苦しみが軽減するか、正確に言うなら、受容や参加のあり方は考えなくてよいのかという疑問です。

野中さんの場合、少なくとも家族から排除はされていません。とすると、受容されているといえるでしょうか。そう考えますと、これまで担ってきた妻や母としての役割や仕事からの排除（されようとしている）とはいえると思います。それには野中さんの障害の問題が当然ありますが、それより何より夫の意向が強く影響しているることがわかります。しかし野中さん自身は、これまで担ってきた妻や母としての役割や仕事を再び行いたいという希望を強く持っています。その理由は、そうした役割や仕事を担うことで、家族（特に夫）から認められていると感じられ、それによって野中さん自身が自分を肯定的に見なせるからです。

つまり、妻や母としての役割や仕事を「行える」ことそのものが目的なのではなく、自分を肯定してもらう、あるいは自分が自分を肯定できるための手段として必要なわけです。とすると、少なくとも野中さんの場合、受容や参加によって苦しみが軽減するわけではなくて、苦しみが軽減するためには、むしろ受容や参加の「あり方」が大切であることがわかります。

温かい心や情け心による受容や参加もあり得るでしょう。仮に野中さんが、妻や母としての役割や仕事を家族からの「やらせてあげる」配慮によって行えるようになったとしても、ご本人にとっては「やらせてもらっている」感覚を拭えないとしたら、自分が肯定されていると感じることはできないでしょう。つまり、受容や参加の「あり方」しだいでは、さらに苦しみが増す可能性すらあるのだと思います。

また、野中さんの性別にまつわる夫婦間の役割意識や自立観が、一般社会に共有されやすい価値観や規範意識であること（注6）、また、そうした価値観や規範意識がご自身の肯定感をめぐる葛藤の要因となっていることを考え合わせますと、受容や参加の「あり方」は、一般社会に浸透している価値や規範、規則に内在する障害に対する否定観（感）（注6）という問題も含めて、肯定や承認という観点から考えていく必要があると思います。

(3) 自助グループ（だけ）でいいのか

最後に三つ目の疑問について検討します。自助グループ（だけ）でいいのかという疑問でした。

自助グループについては、（注1）において、さまざまな自助グループがあることを説明していますが、自助グループの効果としてはメンバーが相互に援助し合うことにより、それぞれの自尊感情の回復が図れるという点は共通していることのようです。

脳卒中を生きる人たちへの詳細なインタビュー調査から、絶望から希望へ、その豊かな生の変容を描いた書籍『脳卒中を生きる意味』(8)にも、患者会における同病者との出会いがその人の生の統合と変容にいかに大きな意味をもたらしたかが語られています。しかしながら一方で、自助グループや患者会をあえて選ばないこともあるようです。共有できることのメリットよりも共有されてしまうことのデメリットを感じてしまうのです(注7)。

野中さんを考えますと、自助グループは障害を有した身体を肯定できる価値観を発見したり、創出したり、共有したりできる他者との出会いの場である可能性はあります。しかし自助グループで得た価値観は、長年連れ添った夫婦や家族の関係によってつくられた価値観とは異なるものであり、自助グループで得た価値観が夫や家族との関係において摩擦や亀裂を生じさせる可能性もあります。つまり自助グループでは、障害を有した身体Bを肯定できる価値観bを見いだせる可能性はありますが、野中さんにしてみると夫や家族から肯定してもらっていると感じられなければ意味がないわけです。

また、こうした価値観の変化には、野中さんにとっての重要な他者が変化することも予想されます（つまり夫や家族より自助グループのメンバーのほうが大切になってしまうかもしれません）。しかし一方で、価値観の多様性をうまく活用し、これまで以上に夫婦や家族との関係を柔軟に築けるようになるかもしれません。さらに、夫や家族の価値観がいかに変容するかも大きく関わってくるでしょう。

自助グループの効果については、そもそも自助グループの持っている性質上、専門家が入ることが馴染まないこともあり、そのアウトカム研究については限界も指摘されています(11)。自助グループの（マイナスの効果も含めた）効果についての研究は、今後の大きな課題の一つといえそうです。

最後に、これまでの考察から明らかになってきたことを整理しておきたいと思います。一つは、社会受容論の根本原理（排除／受容）の設定の問題、二つ目は、そうした問題から生じる方法論の不鮮明さ、です。一つ目については、疑問の(1)、(2)で述べたとおりであり、二つ目については、(疑問(1)、(2)を受け)疑問の(3)で述べたとおりです。

これらを承認や肯定の観点から通約するなら、障害受容論、社会受容論ともに、同一構造を持っていると考えることができます。つまり、障害受容論は、障害の受容を、障害を持つその人へ委ね、社会受容論は、(さしあたり)自助グループに委ねており、ある一部へ承認や肯定を委ねるという構図なのです。そして、これらに共通することは、障害の否定性が生じる社会の価値や規則、規範(注8)について個人に与える影響(注9)を十分に捉えてはおらず、いわば、そうした問題を、個人や自助グループでさしあたり解決していこうという対症療法的な方法を採用している点だと考えます(注10)。

今後の課題としては、社会の価値や規則、規範を踏まえた、より全体的構図による障害をめぐる価値の配置図と、それが個人の価値観や規範意識、個人間の関係性に与える影響に着目しつつ、問題設定の理論化を検討すること、また、自助グループという方法論の有効性を検証しつつ、より問題状況に適した方法論の多様性について検討を行っていく必要があると考えます。

文献

(1)田島明子：社会受容論考―「元の身体に戻りたい」と思う要因についての検討をめぐる「社会受容」概念についての一考察」。Core Ethics 三：二六一―二七六、二〇〇七
〈http://www.ritsumei.ac.jp/acd/gr/gsce/ce/2007/ta01.pdf〉にアクセスすると論文の全文を閲覧できる。
(2)南雲直二：社会受容。荘道社、pp三四―三五、二〇〇二
(3)谷本知恵：セルフ・ヘルプ・グループ（SHG）の概念と援助効果に関する文献検討―看護職はSHGとどう関わるか。石川看護雑誌一：五七―六四、二〇〇四
(4)庄司洋子、木下康仁、武川正吾、他（編）：福祉社会辞典―自立生活運動（Independent Living Movement）。弘文堂、一九九九
(5)立岩真也：できない・と・はたらけない―障害者の労働と雇用の基本問題。季刊社会保障研究三七：二〇八―二一七、二〇〇一
(6)土屋　葉（編）：これからの家族関係学。角川書店、二〇〇三

（7）上田　敏：障害の受容―その本質と諸段階について。総合リハ八：五一五―五二一、一九八〇

（8）細田満和子：脳卒中を生きる意味―病と障害の社会学。青海社、二〇〇六

（9）谷本知恵：セルフ・ヘルプ・グループ（SHG）の概念と援助効果に関する文献検討―看護職はSHGとどう関わるか。石川看護雑誌一：五七―六四、二〇〇四

（10）瀧内美佳：母の音色―ALS（筋萎縮性側索硬化症）との二年六カ月。文芸社、pp一二三―一二四、二〇〇六

（11）久保紘章、石川到覚（編）：セルフヘルプ・グループの理論と展開―わが国の実践をふまえて。中央法規、pp八九―九〇、一九九八

脚注

注1　自助グループは、一九三五年頃、アメリカにおけるAAと呼ばれるアルコール依存症者のグループが誕生したのが最初のようである。その後、一九五〇～一九六〇年代に多くの自助グループが誕生したようであるが、その背景には、人々の権利意識や参加意識の高まりやクライエント・消費者中心の考え方に目覚めたことも大きな影響を及ぼしたと考えられている。

日本では、一九七〇年代に障害を持つ人たちの自立生活運動が始まったようである。自立生活運動は、障害をもつ人たちが施設や親元での生活ではなく、誰もが普通に暮らす場所で生き

たいように生きることを実現しようという運動である。そうした自立生活運動が発展して、当事者が当事者の自立生活を支援するための非営利の組織である自立生活センターが設立された。

注2 （文献5）には、法定雇用率制度の問題として次のような記載がある。「雇われようとする側の問題として、自分は仕事ができるから雇われたのではなく、障害者だから採用された、法定雇用率を満たすために雇われたのだと思う、その疑念を払拭することができないことがある。雇用に際して助成金が払われるといった場合には、それが目当てで雇っているのではないかと思えることもあり、実際にそのように扱われることがある」

注3 夫婦の間の性別による役割の違いが生まれた要因やその問題について、また性別による役割の違いと夫婦の間の力関係の関連などについて、（文献6）にわかりやすく説明がなされているので参照されたい。

注4 全国老人保健施設協会による介護老人保健施設の理念として、利用者の尊厳を守り、安全に配慮し、生活機能の維持・向上を目指し総合的に援助する。また、家族や地域の人々・機関と協力し、安心して自立した在宅生活が続けられるよう支援するとある。つまり老健の役割は、高齢者の生活能力の向上を図りつつ、高齢者の在宅復帰を支援すること、もっと端的にいえば高齢者の生活自立度の向上を目指す施設ということになる。入所利用者にとってはそれが行動の指針や規範となると考えられる。

注5 「混乱期」とは、(文献7) によると「圧倒的な現実を到底有効に否認し切ることができず、障害が完治することの不可能性を否定し切れなくなった結果起こってくる時期」とある。また「この時期の患者は攻撃性 (aggression) が高く、それが外向的・他罰的になって現れると、自分の障害が治らないのは治療が間違っているからだ、もっと回数や時間を多くやってくれないからだ、そもそも発病の最初の時の治療が失敗したからこうなったのだ、等々とすべてを他人の責任にし、怒り (anger)、うらみ (resentment) の感情をぶつける、逆にそれが内向的・自罰的な形で現れると、今度は自分を責め、すべては自分が悪いのだと考え悲嘆 (mourning) にくれ、また抑鬱的 (depressive) になり、時には自殺企図にはしる」とある。

注6 「男らしさ」「女らしさ」というイメージは私たちのなかにいつのまにか根づいている。それは生物学的な性差ではなく社会的につくられた性差である。野中さんの「よい妻」「よい母」でありたいという思いも、こうした社会的・文化的な性差に基づく影響力が関連していると考えられる。「自分でできることがよい」という自立観についても同じように社会的・文化的な影響力があるといえるだろう。そして第一章や第三章で見たように、この社会は、私的所有や人々の観念においても障害を否定的にとらえる方向に傾きがちである。そのことは決定的に重要であると私は考えている。今後もそのことが核に据えられ話は進む。

注7 (文献10) は、ALS (筋萎縮性側索硬化症) の母親をもつ娘さんの手記であるが、病気の先々を知ることの戸惑いから患者会に行くことはなかったことが書かれている。また、(文献11)

には、乳がん経験者が退院後、院外の患者会に興味を持たない理由が述べられている。
注8　例えば、立岩（一九九七、二〇〇四）では、私的所有の規則についての検討がなされ、天田（二〇〇四）では、価値の配置をめぐる政治について検討がなされている。今後、こうした社会にある価値や規範、規則を視野に入れた支援論の展開が必要であると考える。
1、立岩真也：私的所有論。勁草書房、一九九七
2、立岩真也：自由の平等―簡単で別な姿の世界。岩波書店、二〇〇四
3、天田城介：〈老い衰えゆくこと〉の社会学。多賀出版、二〇〇三
〈老い衰えゆくこと〉の社会学〔普及版〕多賀出版、二〇〇七（第三回日本社会学会奨励賞「著書の部」を受賞）
注9　例えば、田島（二〇〇五）では、障害を持つ人の「できること」を増やすなかで「社会適応」を目指すリハビリテーションの理論や理念が、明確な言明としてではなくても、結果的に社会の持つ「できること」をよしとする価値や、私的所有の規則を支持し、一方で障害を否定していることを指摘した。しかし障害を持つ当事者が求めていることは、そうした障害の否定性をいかに否定するかということである。田島（二〇〇五）では、社会の価値や規則、規範を相対化した位置から、現行のリハビリテーションの理論や理念を再構築すべきであることを指摘した。
田島明子：ひとの価値と作業療法―障害者の就労の三つの位相をめぐる一考察。作業療法二四：三四〇―三四八、二〇〇五

注10　立岩（二〇〇五）では、障害を持つ人たちの就労の場における問題としてだが、ある一部で社会のあり方とは異なる方針を採ろうとした時の困難が指摘されている。ここでは特に、人的資源の流出の問題として語られているが、当然、承認や肯定という価値の配置の編成の問題が根底には存在している。

立岩真也：共同連のやろうとしていることはなぜ難しいのか、をすこし含む広告。共同連一〇〇（一〇〇号記念号特集）。二〇〇五

第五章　臨床現場では「障害受容」はどのように用いられているのか

本章では、臨床現場での「障害受容」という言葉の使用をめぐる実際をみていきます。

ところでセラピストの皆さんは、「障害受容」という言葉を臨床で使われることはありますか？「使う」という方は、どのような場面でどのように使われるのでしょうか。あるいは「使わない」という方もおられるかと思いますが、そのような方は、なぜ使われないのでしょうか。

私自身は第一章で述べた理由から、「障害受容」という言葉を自分のクライエントにあまり使いたくないと思い使用は避けてきましたが、かといって、きっぱりとこの言葉を切り捨てているというわけでもなく、どこに、どのように位置づけたらよいかよくわからないというのが正直なところでした。問題は使い方で、それさえ改善されればこの言葉自体は悪くないのではないかと考えたりもしました。

私が不快な感じを持ってきたこの言葉の臨床での用いられ方は、セラピストがクライエントやその家族からの拒否に出会うなどして支援がうまく進行しない時に、クライエントやその家族に対して「『障害受容』できていない」というように用いる時です。こうした用い方は、クライエントや家族に対して「訓練の流れに乗る」ことを求めることにしかならず、いうなれば、セラピストの思うように支援が進行しないことのディレンマを解消しているにすぎないのではないかと感じてきました。

本来なら「障害受容」は、クライエントの障害に対する理想となる態度や価値観を示すもので、リハビリテーションの一つの目的となるはずなのに、どうしてそのように用いられてしまうのだろうかというのが私にとっての大きな疑問でした。

そこには、セラピストとクライエントの非対称な関係が見え隠れしているようにも感じます。しかしセラピストにしてみると、医療技術を学ぶ過程において臨床家として肯定されるべき、あるいは否定されるべき、態度、思考法、言動を学びます。そのなかには、クライエントをどのような方向へ導くべきかの方向性も示されるわけです。ですから、「障害受容」という言葉の使用も、当然ながら「私」として行っているわけではなく、「セラピスト」として自然とそう用いてしまう何か「仕掛け」があるのではないかとも考えました。

そこで今回は、臨床現場での「障害受容」という言葉の使用の実際をみていきたながら、そうした「仕掛け」について考察をしていきたいと思います。

臨床で働く作業療法士へのインタビュー

作業療法士として臨床で働く七名の方に、臨床現場における「障害受容」の使用をめぐってインタビューをさせていただきました。七名の方の性別、経験年数、仕事内容については**表1**のとおりです。ちなみに、本章でご紹介する内容は、「年報筑波社会学」という筑波社会学会（注1）学会誌に掲載させていただいた内容の一部です(1)。

この研究の問題設定が臨床実践についての批判的検討も含み持つので、無作為に選出したところでインタビューに応じてもらえない可能性が考えられたため、七名の方は養成校時代の友人などを通して紹介をしてもらったりしました。

なるべく専門領域や経験年数が重ならず、幅広くうかがえるように配慮をしましたが、人数も少ないため、結果が必ずしも実際の臨床を一般化したものとはなって

表 1　対象者の内訳

事例No	氏名	経験年数*	性別	仕事内容
1	Sさん	8年	女性	Sリハビリテーションセンターの病院部門**に勤務。
2	Oさん	5年	女性	Tリハビリテーションセンターにて回復期のリハビリテーションを行っている。
3	Iさん	10年	女性	Sリハビリテーションセンターに勤務。中での移動があり，最初の約4年間は病院部門**におり，その後，更生施設**に約4年間勤務。現在は，再び病院部門に勤務。
4	Mさん	24年	男性	Sリハビリテーションセンターの前身の施設に就職。まだ設立段階であり，オープンする1年前だった。オープン以来，ずっとセンターで仕事をしてきたが，途中，同じ県内の療護施設に2年間出向。その後センターに戻り，病院部門**の前身であるところに勤務。その後，センターの中の別部門である地域リハ相談室に異動。1年半の勤務を経て，現在は病院部門にて勤務。
5	MIさん	3年	女性	現在の職場が2カ所目であるが，どちらも療養型病院。地域の利用者が多く，9割が慢性期・維持期の高齢障害者の長期入院。介護老人保健施設，老人ホーム，ケアハウスが隣接。
6	OKさん	2年	女性	精神科病院に勤務。作業療法やレクリエーション，音楽療法の補助に関わる。閉鎖病棟であり，長期入院者が多く，病院内での生活能力を維持したり，楽しみを見い出せるような支援を行っている。
7	Yさん	12年	女性	神経筋疾患や脳血管障害を中心疾患とする病院に9年間勤務し，その後，重症心身障害児施設に3年間勤務。現在は，脳血管障害を主たる原因疾患とする高齢障害者の回復期リハビリテーションに関わる病院に勤務。

*経験年数が○年□カ月のとき，□カ月は省略している。つまり丸何年かの表記である。

**Iさん談では，病院は機能訓練やADL訓練がメインだが，更生施設は会社や社会とのつながりがメインとなるため，ADLが自立している人が入所の条件となるので，機能訓練やADL訓練は行わず作業耐久性や作業能力のアップを目指すことを主眼に置いているとのこと。

いないと思われます。今後の課題と考えております。

インタビューの結果

(1)「障害受容」の使用頻度

表2は、各事例の「障害受容」の使用の有無です。事例1のSさん、事例2のOさんは、「ときどき用いる」ですが、事例5のMIさん、事例6のOKさん、事例7のYさんの職場では、まったくといってよいほど用いることはないということでした。この結果からわかることは、すべての臨床現場において「障害受容」という言葉が用いられているわけではないということです。むしろ「ときどき用いる」というSさん、Oさんの施設は、身体障害を持つ人に対して機能回復訓練やADL訓練を行

表 2　臨床現場での使用の有無

事例No	氏名	使用の有無
1	Sさん	ときどき用いる
2	Oさん	同上
5	MIさん	用いない
6	OKさん	同上
7	Yさん	同上

うという点で類似しています。つまり、Sさん、Oさんの仕事内容は、いわゆる「回復期リハビリテーション」であり、リハビリテーションにおける二つのアプローチ法である「回復アプローチ」「代償アプローチ」の移行に立ち会う現場です。そうした臨床現場において「障害受容」という言葉が用いられる傾向があることがうかがわれました（注2）。

(2)「障害受容」の使用状況

どのような場・人・事象に対して「障害受容」という言葉が使用されるのか。また、「障害受容」できている人・状態とはどのような人であり、状態であると考えているのか。Sさん、Oさんのコメントに着目してまとめたものが**表3**です。

表 3 「障害受容」の使用状況

<table>
<tr><th></th><th>Sさん</th><th>Oさん</th></tr>
<tr><td>使われる場・人</td><td colspan="2">・会議などで，同職種，あるいは，他職種と担当患者の情報交換を行う際に用いられる。
・クライエント本人には用いない。</td></tr>
<tr><td>どのような事象に用いるか</td><td>「機能回復への固執」の強さを「障害受容」と表現するが，一方，「訓練がスムーズに進行しない」とき，あるいは（訓練がスムーズに進行しないがための）セラピスト側の主観的な苦労度を「障害受容」という言葉で表現している。</td><td>「機能回復への固執」に対して適用。「代償アプローチ」の受け入れはよくても「機能回復への固執」があればそれに対して用いる。</td></tr>
<tr><td>セラピストの苦労と共感</td><td colspan="2">「機能回復への固執」は，セラピストのプランや意図を阻害するものという位置に置かれる。そして，プランや意図するものへの到達へ向けての阻害感が苦労度と表現される。また，会議などにおける「障害受容」の使用は，会議に居合わせた各人にその苦労が想起されやすく，了解や共感を得られやすい言葉である。</td></tr>
<tr><td>障害受容できている人・状態</td><td>「機能回復への固執」があったとしても，生活に目を向けることができ，セラピストと目標を共有でき，フットワークが軽い。「障害受容」は長期的な経過を必要とするものである。たとえ生活ができていたとしても，その人の有する能力とかけ離れた目標を持っている場合には「障害受容」できているとは言えない。</td><td>クライエントがたとえ生活に目を向けられたとしても「機能回復への固執」があれば「障害受容」という言葉を用いる。</td></tr>
</table>

表 4 施設機能による使用の差異

使用頻度	更生施設より病院のほうがやや多い
更生施設ではどのような事象に用いるか	再就職の際にクライエントが自分の適性や能力がわからず，適職を選べず，支援が難航するときに「障害受容」という言葉が適用される

(3) 施設機能による使用の差異

事例3のIさんは、Sリハビリテーションセンターにおいて病院部門と更生施設部門の両方を経験しており、それぞれを比較し、「障害受容」という言葉の使用の違いについて話がうかがえました。Iさんの逐語録を基に施設機能の違いによる使用の差異についてまとめたものが**表4**です。

臨床現場における「障害受容」の使用法について

以上の結果から、臨床現場における「障害受容」の使用には少なくとも二種類のクライエントの言動があることが確認されました（**表3**、**4**）。一つは、「機能回復に対する固執」、もう一つが、「（復職支援などの際に）自分の能力や適性に対する認識が（セラピスト側からみて）適切ではなく、過剰な期待を表明されるような時」です。クライエントのそのような反応にセラピストが出会い、そうした事象をセラピストが同職種や他職種に説明する際に、「(クライエントが) 障害受容 (ができていない)」と表現するわけです。

また、そうした状況はセラピストにとって目的遂行がクライエントの言動によって阻害されている時でもあります。セラピストが「(クライエントが) 障害受容 (ができていない)」と表現する時、セラピスト側の主観に着目するなら、訓練のスムーズな進行が妨げられているという「苦労感」があります。つまりセラピストにとって、a目的遂行の阻害感、b能力認識のズレ感が感じられる時に用いるわけです。それらの関係は、bがaを誘導した時に、「障害受容 (できていない)」という言葉が用いられることになります。もう少し詳しくみていきましょう。

(1) 目的遂行の阻害感

「機能回復に対する固執」と「(復職支援などの際に) 自分の能力や適性に対する認識が (セラピスト側からみて) 適切ではなく、過剰な期待を表明されるような時」

の共通項は何でしょうか。セラピストにとってみると、機能や能力に対してクライエントの希望や期待はもはや現実的ではないと思われる状況があります。おそらくセラピストにとって、こうしたクライエントの現実的ではないと思われる言動は、セラピストの訓練のスムーズな進行が妨げられているという「苦労感」に正当性を与えるものでしょう。

セラピストは、クライエントの機能や能力についての現実を知っており、日常生活、社会生活を行えるようになるための方法論を知っています。それは、クライエントの知らない知識、技術ということになっています。その差異が専門性であり、制度や施設は、その専門性を肯定し維持する機能を果たしています。いうなれば「苦労感」とは、制度や施設に支えられ肯定されている専門性をいかに表するかという「苦労感」といえます。

つまり、「障害受容（できていない）」という言葉は、「専門性を遂行できない（できなくて困る）」と言い換えることさえ可能かもしれません。この時クライエントはセラピストにとって、まさに「専門性を体現するための」人であり「専門性が予定調和的に遂行されることが期待される」人といえます。

(2) 能力認識のズレ感

なぜ「障害受容」が、クライエントの能力に対するクライエントとセラピストの認識のズレに対して用いられるのでしょうか。障害は「できる／できない（能力）」と深く関係します。そして、リハビリテーションの実践は、回復アプローチ、代償アプローチとも、「できる／できない（能力）」に焦点化したアプローチ法です。それゆえに、「障害受容」が、クライエントが（セラピストの判断による）「（障害によって）できない」事実を（感情的にならずに）「受け入れる」となっても当然ともいえます。しかしながら障害の意味は多様です（注3）。そちらの現実感に立つなら、この場合の障害は、「回復できなかったもの」「できない」と意味づけられた障害でしかないともいえます。

なぜクライエントの能力に対するクライエントとセラピストの認識のズレに対し

て「障害受容」が用いられるのかといえば、それがリハビリテーション専門職がもつ障害観（感）だからであり、専門性遂行のためにそのズレを矯正しようとして「障害受容」という言葉が用いられるのではないかと考えます。

まとめ──「仕掛け」について

さて、「仕掛け」ということになりますが、これまでの結果から、アプローチ法の円滑な遂行をめぐって、クライエントへの二つの「押しつけ」を背景として「障害受容」が用いられるという、一連のプロセスが明らかになったのではないかと考えます。

一つ目の「押しつけ」は、「障害観（感）」です。この障害観（感）は、本来なら多様な意味を持つはずの障害観（感）が能力という観点に限定されたもので、第一章で述べたように「できること」がよいという社会的な価値と共鳴し合い、障害に否定的な価値を与えます。リハビリテーションの専門職が持つ障害観（感）とは、

「障害受容」という言葉が上記のように用いられる限りにおいて、そのように加工がなされた障害観（感）だといえます。逆に「できること」を目指すリハビリテーションの専門性は、こうした社会的に共有されやすい障害観（感）が基盤にあってこそ肯定され支持されるともいえるかと思います。こうした障害観（感）を「能力主義的障害観（感）」（注4）と呼ぶことにします。

二つ目の「押しつけ」は「専門性」です。「（クライエントが）障害受容（ができていない）」とする時、「専門性を遂行できない（できなくて困る）」とほぼ同じ意味内容であろうことを述べました。この時、クライエントはセラピストから「専門性の体現」「専門性が予定調和的に遂行されること」を期待されています。つまりこの言葉はセラピストを通して表される専門性に肯定感を与え、その専門性を予定調和的に遂行することの期待感を含んでいると考えます。

こうした使用はクライエント側から見た場合、やはり問題があると言わざるを得ません。なぜなら、専門性の遂行が優先されるために、「（クライエントが障害を得た自らの身体について行う）価値の転換」（注5）が軽視されるだけでなく、この専門職が持つ否定的な障害観（感）を内在化させよう／させるべきとする圧力が含まれてしまうからです。「障害受容」という言葉の使用のなかに、これだけ専門性として肯定されるクライエントへの「押しつけ」が含まれることになります。

次章では、インタビュー結果から、「障害受容」を臨床現場で使わないというセラピストの発言に注目していきます。

文献

(1)田島明子：リハビリテーション臨床における「障害受容」の使用法―臨床作業療法士へのインタビュー調査の結果と考察。年報筑波社会学第二期創刊号：七八―一〇〇、二〇〇六

(2)伍石紋子：「身体を回復させること」に対するクライエントとセラピストの意味づけ―リハビリテーション現場の「協調的な相互行為」に見る矛盾の肯定的・否定的側面。お茶の水女子大学大学院人間文化研究科発達社会科学専攻社会臨床論コース修士論文、二〇〇四

(3)立岩真也：ないにこしたことはない、か1、石川　准、倉本智明（編）：障害学の主張。明石書店、pp四七―八七、二〇〇二

(4)田島明子：障害を有する当事者の「障害受容」に関する言説。作業療法二四：三八一、二〇〇五

脚注

注1　筑波社会学会〈http://www.social.tsukuba.ac.jp/tss/〉

注2　（文献2）は、回復期作業療法の場において「身体を回復させること」をめぐりセラピスト、クライエント双方に生じる認識や態度表明の行われ方の特徴を明らかにした研究であるが、そのなかで、リハビリテーション臨床で「回復アプローチ」と「代償アプローチ」の「移行困難性」を「障害受容」の問題として表象しているセラピストのデータがある。またその傾向は私自身の臨床経験における印象とも符合するものである。

注3　例えば、（文献3）は、障害とは、その人にとっての生きる様式であり、世界に対する対し方であると述べている。また、（文献4）においても、障害は障害を持つ一人ひとりにとって独自の世界の感受の様式であり、固有の意味を持つものであることがわかる。

注4　第一章で障害者就労の話をし、「障害受容」の話とそう離れていないと述べたが（本書四ページ）、ここでそのつながりが見えてくる。つまりどちらも「できる（価値あり）／できない（価値なし）」という能力主義的で単一な障害観（感）を表している点である。そして「できない」と意味を持たせられた「障害」は、医療従事者からも障害を持つ本人からも見捨てられるのではないだろうか。「受容」と表現されるが、そういうことではないだろうか。

注5　リハビリテーション実践におけるアプローチ法には、大別すると「回復アプローチ」と「代償アプローチ」の二つがあり、それらはそもそも「正常な身体」に関して有する価値観が異なっ

ているために、セラピストにとっては「回復アプローチ」から「代償アプローチ」への移行がたとえ容易であったとしても、クライエント本人にとっては、相当に大変な価値の転換を内包していることを第二章で述べたが、「専門性の（スムーズな）遂行」はこの移行にも当たる。つまりここで「専門性」が優先されることによって、クライエント本人がその際に経験するかもしれない「価値の転換」が軽視されることになる。

第六章　「障害受容」の使用を避けるセラピストたち

本章では、第五章でご紹介したインタビュー調査の結果の続きで、「障害受容」を臨床現場で使わないというセラピストの発言に注目していきます。

第五章でも述べましたが、私自身、「障害受容」という言葉をクライエントにあまり使いたくないと思い使用は避けてきましたが、かと言ってきっぱりと切り捨てているわけでもなく、この言葉に対してどこに、どのように位置づけたらよいかよくわからない収まりの悪さを感じてきました。インタビューを行わせていただいたセラピストの方々も同じような印象を持っておられたようでした。

インタビューをさせていただいたセラピストの多くは「障害受容」という言葉を臨床現場で用いたくないと話していましたが、それには「障害受容」という言葉に対する違和感や不快感が原因としてありました。しかしそれにもかかわらず、否定的イメージや肯定的イメージを携え、おのおののなかにこの言葉が生き続けていることが今回のインタビュー調査の結果から明らかになってきました。

そこで本章では、「障害受容」を臨床現場で使わないというセラピストの「障害受容」に対する違和感や不快感、否定的イメージ、肯定的イメージなどをご紹介し、それらから「障害受容」の問題を解きほぐしていくことにします。

インタビューの結果

インタビュー対象者の詳細については第五章をご確認ください。さっそく結果を見ていきましょう。

(1)「障害受容」に対する思い

臨床現場で「障害受容」という言葉を用いないMさん、Yさん、OKさん、MIさんの「障害受容」に対する思いを整理したものが**表5〜7**です。Mさんは働き始めた頃は用いていたそうですが、三、四年ぐらいして用いなくなったとのことでしたので、なぜそうした変化が生じたのかについて別個にまとめました（**表7**）。

表 5　職場で使用していない 3 名

	Y さん	OK さん	MI さん
使わない理由	・この言葉の使用にためらいを持ったのは，最初の患者を担当したときから。 ・「発想の転換」はそう簡単にできるはずのものではない。「障害受容」は時間をかけ，納得したり，憤ったりして行われていくものである。 ・進行性の疾患を持つ人たちと関わるなかで，その人が思いをぶつけてくればそれを受け止めるし，その人が望むことのためにやれることをする／したいという思いを持ってきた。 ・人の気持ちのなかのことまではわからない。その人は「しょうがない」と言うかもしれない。しかしそれが本心かどうかもわからない。だからなおさら「障害受容」という言葉は適用しづらい。 ・進行が進み，呼吸すら苦しい状態の人に対しては，その人が苦しい状態を受容したからといって楽になるわけでもなく，「障害受容」という言葉は不適切である。	「障害受容」という言葉には馴染みづらい印象を持っており，それがあえてこの言葉を使わない理由。「障害受容」という言葉は，「ありふれてない」「堅い」印象があり，仮にこの言葉をクライエントに用いたとして，はたして伝わるだろうかという疑念がある。また，現実にある事象のなかに，受容している／していないとはっきりと分けられる状況はそうはないが，それに対して「障害受容」という言葉は「完璧すぎる」イメージがあり，自分が表現したい言葉ではない。	・クライエントはケースバイケースであり，「受容の過程」には当てはめづらいと感じる。「受容」というときちっと枠が決められてしまう感じがするが，「枠の外で話したい」という思いがある。受容自体が難しいものであるし，それが必要なのか。たとえ受容していなくても，自分なりの生活が営めればよいのではないか。 ・昨今の，「障害受容」に対して批判的な言説は，「受容の過程にあてはめなくてもいいんだ」「それで間違っていないんだ」という安心感を生起させるものである。

表 6 「障害受容」のイメージ

	Y さん	OK さん	MI さん
「障害受容」と分類される事象		・クライエントと関わるなかで，クライエントがこうなったほうがよい（例えば自閉的な人なので，ほかの人とかかわりを持ったり外出する機会を持ったりしたほうがよい）という志向性を持って関わろうとするが，それに対して拒否的な反応に出会ったりするとき。そうした状況下において「障害受容（できてない）」という言葉が浮かぶ。しかしそれはセラピスト側の「押しつけ」ではないのかという疑問を持つ。とはいえ，ただクライエントの思いを受け止めるだけなら OT でなくてもできるではないかという葛藤がある。 ・スタッフ間で，「（クライエント自身が）自分の能力を適正にわかってない，現実検討ができていない」という話がされるとき，それは（「障害受容」という言葉は用いられないが）「障害受容」に関する話だと感じている。 ・自分の希望に対して親から「そんなん無理や」と言われたとき，「自分の限度を決められている感じがした」「希望をつぶされるような危機感を感じた」と振り返り，親は自分の期待と外れたときにそう言うのかもしれないが，「患者さんと関わって，こっちができないよと言ったとき，患者さんもそういう気持ちになるのかな」と想像する。	セラピスト側の言動が，クライエントやその家族から「障害の受け入れ」「疾患の理解」の問題のために，まるで削除されているような，無視されているような反応に出会ったりしたとき。知的に問題があるわけではないのに，いくら説明しても，それが理解されている様子がなく，また同じ質問が繰り返されたりする。「それはクライエントや家族にしてみれば，あきらめたくない気持ちやそんなはずはないという思いからだったりするんでしょうけど」とクライエントや家族のその際の心情を推測する。逆に言えば，「『障害受容』している状態」というのは，「もう何もできなくなってしまった」「もう駄目ね」と，クライエントや家族が「あきらめること」というイメージにもなる。
目的としての「障害受容」	受容するしないは個人の選択だが，寝てもさめても，「おれの手が，おれの手が」，飯食ってても「おれの手が」，テレビ見てて本当なら笑える話なのに「でも，おれの手が」って言ってたら，本人だってしんどい。そのこと（障害）を毎日毎日１分１秒考えて，いらいらしていて，ほかのことすべてを否定してしまうという状況にはならないでくれればと思う。少しでもつらくない状態になるために役に立てたならうれしい。それは結果としてこうなればというものではなく，クライエントのつらい気持ち・こうしたいという思いに応えたいという思いが先にあって，こちらは問題解決のための働きかけをする。	「障害受容」に代わる言葉として「折り合いをつける」という言葉がしっくりくる。「折り合い」という言葉は「自分の障害に対しても気持ちの「折り合い」がつけられ，周囲からもある程度自分の思いが受け入れられ「折り合いがつき」，「楽に生きている姿」を想定できる。「障害受容」というと，こっちかこっち，どちらかに比重がかかるイメージがあるが，「折り合い」というと，どちらにも比重がかからず，微妙な均衡が保てているというイメージがある。	障害にとらわれ，かえって頑張れる人もいるので，障害にとらわれること自体が否定されるものではないが，それでも「投げやりにならずに自分なりの生活を送ることができること」「障害を意識せずにいられる時間を持ち気持ち的に楽になれること」は重要である。

表 7　M さんの場合

使わなくなった	臨床に出て 3, 4 年ぐらいで「障害受容」という言葉を使わなくなった。
使わなくなった原因	・「障害受容」と表現される気持ちは誰もが持っている感情であり，その気持ちの流れは細やかなものであり,「障害受容」という言葉にまとめてしまえるものではないという思いがある。 ・「あの人が『障害受容』がね」というとき，すべてが「障害受容」という言葉に収められてしまい，細かな気持ちの面が置き去りにされてしまう。だからあまり使いたくない言葉。 ・卒業して間もない頃は教科書に書かれた正解があり，それを求めようとする気持ちがあった。正解に持っていくことが自分の仕事であるという思いがあった。そうした中で「障害受容」という言葉も便利な言葉として使用。 ・年齢を経て社会には正解ばかりでもなく，なおかつ，そこまで整理できてなくても生きている人はいくらもいることを知るようにもなり，使用しなくなった。
使っていた頃の使い方	「回復が難しいところから本人が抜け出せない」という状況説明をするために一言で表せる便利な言葉として記録などに残すときに使用していた。
経験年数を経るなかでの変化	経験年数が長い人ほど「障害受容」という言葉を使用しなくなるという印象を持っている。アプローチも「障害受容」という言葉を使用していた頃と現在では異なっている。以前は，ゴール先にありきで，そこへ向けるためのアプローチであったが，現在はクライエントが「乗っている」か否かを重視し一緒に考えていく感じ。OT の治療効果は薬効のようにこうしたらこうなるというものでもなく，自然と時間とともによくなる部分があるので,「絶対にここまで」という頑なゴールは設定していない。

（2）「障害受容」のイメージ

「障害受容」と分類される事象

ＭＩさん、ＯＫさんは「障害受容」という言葉の使用に消極的である一方で、それはいうなれば「障害受容」のことと分類している事象がありました。それらを**表6**にまとめました。

目的としての「障害受容」

表5では、ＭＩさん、ＯＫさん、Ｙさんが「障害受容」に対して違和感や適用のしづらさを感じ、意識的に用いてこなかったことを確認しましたが、一方でその三名は、クライエントが「障害受容」している状態は支援の目的であるとも語っています。この場合の「障害受容」とはどういう状態を想定しているのでしょうか。**表**

6にまとめました。

四人が「障害受容」を用いない理由

(1) Mさんの場合

表7を見ると、Mさんの「障害受容」の使用をめぐる変化には「専門性(=ゴール先にありきの視点)」と「クライエントの気持ち」のどちらを優先させるかの葛藤があったことがわかります。そしてMさんは「クライエントの気持ち」を優先させたことになります。Mさんが「障害受容」を用いなくなった背景には、「障害受容」は専門職にとって使いたくなる便利な言葉だが、広く見渡せば専門性が持つ価値が唯一の価値ではないのだからクライエントの価値を大切にしようという気づきと意志がありました。

(2) Yさんの場合

「クライエントのつらい気持ち、こうしたいという思いに応えたい思いが先にあって問題解決のための働きかけをする」と考えるYさんは「障害受容」の使用にためらいを持ってきました。Yさんの場合、「専門性」と「クライエントの気持ち」がMさんのような対立的な構図にはなっておらず、「クライエントの気持ち」を基点として「専門性」が構築されていることがうかがわれます。それにはYさんが進行性疾患の人たちへの支援を中心に行ってきたことが関係しているかもしれません。つまり、進行性疾患の人たちへの支援の場合、「日々小さな問題がボコボコ」発生するために目標設定も可変的なものとならざるを得ず、目標設定の段階でクライエントのニーズや気持ちを汲み取る作業がより重視されるのではないかと考えます。

(3) OKさんの場合

現実に「受容している／していない」と分けられる状況はそうはなく、「障害受容」は「完璧すぎる」ということでした。「障害は個性である」という考え方がありますが、これには障害がリハビリテーションや治療において治すべき対象とされ、障害／健常と二分化されてしまうことへの批判が含まれています(1)(2)。「障害」というカテゴリー自体が社会的な構築物であるという考えです。また「受容」にしても、考えてみますと、障害と障害を持つ人との一つの関係のあり方を示す言葉にすぎません。しかも「受容」という言葉には「どのように」が抜け落ちています。「個性」として「受容」するのか、あるいは「受容」せずともよいというあり方を望む人もいるかもしれません。そのように考えますと、「障害受容」そのものがリハビリテーションの求める理想像にすぎないものとして見えてきます。

(4) MIさんの場合

「受容の過程には当てはめづらいと感じる」「受容というときちっと枠が決められてしまう感じがするが、枠の外で話したい」「受容自体が難しいものであるし、それが必要なのかという思いもある。たとえ受容していなくても、自分なりの生活が営めればよいのではないか」、MIさんのこうした意見は、一つには段階理論への違和感と理解できます。つまり「モデル先にありきの思考法」が現実を歪めてしまう危険についてです。もう一つ、MIさんは「障害受容」の状態へクライエントをもっていこうとする方向性にも懐疑的なようでした。それにはMIさんの「障害受容」＝「あきらめ」という印象が影響していそうです。「あきらめ」とは「できる／できない」の設定が他者によってなされ、その評定を動かしがたい事実として本人が「受容」した時に生じる心境といえるでしょう。そうしたセラピストのクライエントへの能力評定による「あきらめ」の押しつけに対して、MIさんは否定的イメージを持っていると考えます。

理由は四人とも様々ですが、第五章で述べたような「押しつけ」に対する違和感や不快感から「障害受容」を用いていないことがわかります。

「障害受容」は支援の目的？ ──「障害との自由」へ

Yさんは病が悪化し呼吸すら苦しい状態の人にとって、その人が苦しい状態を「受容」したからといって楽になれるわけでもなく、「障害受容」という言葉の使用は不適切だと言います（**表5**）。つまり「障害受容」という言葉がすり抜ける状況があることを教えてくれています。それは生命の危機に関する状況のことでしょうか。考えてみますとそうした状況にも「障害受容」に似た言葉があることに気づきます。「死の受容」という言葉です。

「死の受容」には、「障害受容」と同じように段階を追って「受容」に至るプロセスが描かれます。上田敏氏は「『死の受容』のキューブラー・ロスなどの業績は障害の受容を考えるうえで非常に大きな示唆を与えたこと」⑶としていますが、「死の受容」は「死を前にして病に対する否認や抑うつを乗り越えて訪れる心の平安」を意味するもので、「障害受容」と同様に身体的な苦楽に効く言葉ではないようです(4)。しかしYさんが言うような死に近い状態の人が望む基本的なことは、「死の受容」よりなにより身体的苦痛を取り除くことであったり、そのために一生懸命になってくれる人だったりするのではないでしょうか(5)。私はそれらに観念と感覚の異なりを感じました。

また、Yさん、MIさん、OKさんは、「障害受容」に対して違和感や否定感を持ちつつも「障害受容」は支援の目的であるとも語っていました(表6)。その目的とは「楽にいられる」ことです。つまり障害にとらわれつらい気持ちになるのなら、障害へのとらわれから自由になって「楽な気持ち」になれるのがよいと思っています。それが最終的な支援の目的だと言います。ここで確認しておきたいことは、「楽にいられる＝障害との自由」は「障害受容」とイコールで結ばれるのかどうかです。私には、それらにも「死の受容」と「快（楽）・不快（苦）」と同じような異なりを感じます。どこがどのように違うと私は感じるのでしょうか。そのことを考えてみたいと思います。

一つはその「志向性」です。これまで述べてきたことから、「障害受容」は「社会適応」へと志向する概念であるといえるかと思います。私は「社会適応」について次のような批判(6)を行ったことがあります。「『適応』概念は、資本経済社会の中心的価値である『能力主義』的価値観と共鳴しやすく、容易に価値の逆転が生じる位置にあることがわかる。なぜそうなるのか。『適応』概念は、個人と他者・社会との調和した関係性を期待するものであり、そうした関係性から逸脱することに否定的価値を有する概念だからではないかと考える。つまり『適応的』であることそのものに価値が置かれるため、何への適応が求められるか（他者・社会が優位に置く世界観・人間観）によって、容易に人の価値の在り処《ありか》が変動するのである」と。「社会適応」は作業療法において支援の目標となっていますが(6)、それはクライエントが「障害受容」することによって初めて到達できる目標であることがわかります。「障害受容」には「能力主義的障害観（感）」(注1)の「押しつけ」があることを第五章で指摘しましたが、支援の目標（「社会適応」）への到達のために、この社会の中心的価値である「能力主義的障害観（感）」をクライエントに内在化してもらわなくては困るわけです。

一方、「楽にいられる＝障害との自由」が目指すのは自由です。それはとらわれから自由になり、とらわれる必要がなくなることであり、あるいは障害（≒制御できないもの）のあらわれに対する自由ともいえるでしょう。そうなりますと非常に限定された障害観（感）である「能力主義的障害観（感）」は、多様な障害観（感）・世界観（感）の展開のためにも、障害価値の肯定のためにも（とらわれる必要がなくなるために──第三章、第四章参照）確保されるべき自由だと思います。「楽にいられる」という一言のなかには、これだけの意味内容が含まれているのだと考えます。

それはまた、セラピストがすでにリハビリテーション文化にあった「障害受容」という言葉の使用法を自らの感覚を頼りに否定し拒絶したその感覚と地続きのものでした。「楽にいられる」ことが目標と話した人たちは「障害受容」という言葉に否定的な人たちでした。それがもう一つの異なりではないでしょうか。

つまりそれは「セラピスト」としてではなく「私」の感覚によっているのです。

そしてその感覚は、障害を否定することを不快に感じていました。障害を「他性（非制御できないもの）」と呼ぶなら、「私」は他性を否定することを不快に思う感覚を持っているようなのです。それは「私」にある他性についてもいえるのではないでしょうか。セラピストは専門性という指針があるからこそクライエントと対峙できるわけですが、その専門性は、セラピストである「私」の感覚（これもまた「私」に訪れる他性）を時に否定し、制御しています。だから、今回ご紹介した四名のセラピストのように、セラピストとしての行為に対して「私」の感覚を判断の指針とすることは、「私」にある他性の自由を取り戻すことであるともいえると思うのです。

文献

（1）土屋貴志：障害が個性であるような社会。森岡正博（編）：「ささえあい」の人間学。法蔵館、pp二四四—二六一、一九九四
（2）森　正司：障害個性論—知的障害者の人間としての尊厳を考える。一九九九

〈http://www.arsvi.com/1990/990600ms.htm〉
(3)上田　敏：障害の受容―その本質と諸段階について。総合リハ八：五一五―五二一、一九八〇
(4)奥山敏雄：「死の受容」と「人生の意味」―終末期医療における二成分の矛盾。社会学ジャーナル二八：九三―一一一、二〇〇三
(5)立岩真也：良い死・四―自然な死。Webちくま〈http://www.chikumashobo.co.jp/new_chikuma/index.html〉
(6)田島明子：ひとの価値と作業療法―障害者の就労の三つの位相をめぐる一考察。作業療法二四：三四〇―三四八、二〇〇五

脚注

注1　第五章において、「できる／できない」という能力的な観点からのみ障害をとらえようとする視点を「能力主義的障害観（感）」と呼ぶことにしている。

第七章　教育の現場では「障害受容」をどのように教えればよいのか

本章では、「障害受容」について、セラピストを養成する教育の現場ではどのように教えればよいのかについて考えていきたいと思います。

第五章、第六章でご紹介してきたセラピストへのインタビュー調査において、「障害受容」について学校で習ったことについてもうかがったのですが、事例3のIさんは、「自分の障害を受けとめられない程度の理解であった」、事例2のOさん、事例5のMIさん、事例6のOKさんが「『段階理論』の印象が強い」、事例7のYさんは、「障害を受け入れ、その状態でどうしていくかと『発想の転換』を行えるようになること」というような理解をしておられたとのことでした。

私自身の養成校時代の記憶を合わせましても、「障害受容」は教育の現場のなかでさほど重点を置かれて教えられた概念ではなかったように思われます。この五人の方は、養成校時代を経た時期は異なります。Yさん、Iさんが一九九〇年代の前半から中頃、Oさんが一九九〇年代後半から二〇〇〇年始め頃、MIさん、OKさんが二〇〇〇年以降です。しかしその内容は、どの方もこれまで何度も紹介をしてきました上田敏氏の「価値転換論」「段階理論」を融合させた障害受容論に大きく影響を受けていることがわかります。

もちろん養成校の数は年々増加しており、個々の学校、あるいは教育者によっても教授内容は異なるとは思いますが、それにしても第二章でみましたように、リハビリテーション領域における研究において、一九九〇年代以降「障害受容」に関する批判的な研究があらわれ始めているのに、それらが実際の教育の現場ではあまり紹介されておらず、一九八〇年の上田敏氏の理論がいまだに教育の現場のなかで唯一といってよいほど生き続けている現状の一端をうかがわせる結果でした。

しかしそれは、近い将来臨床に立つ人たちに対して「障害受容」をめぐって何を伝達するべきかと考えた時に、よいことではないだろうと思いました。そこで、これまでの考察を踏まえ、その理由と別の答えについて考えてみたいと思います。

現在の「障害受容」教育がよくない理由

(1) クライエントにとっての弊害

その理由はいくつかあります。一つは、サービスの提供を受け取る側にとっての弊害です。弊害とはこれまで幾度となく述べてきた問題であり、第五章でその「仕掛け」についてみましたが、リハビリテーション臨床において「障害受容」という言葉が用いられる時、「人の価値」が否定されてしまうことです。

理論の問題

しかし上田氏が「総合リハビリテーション」にあらわした論文(1)には、まったく逆のことが書かれてあります。つまり、「障害受容」の定義を「あきらめでも居直りでもなく、障害に対する価値観(感)の転換であり、障害を持つことが自己の全体としての人間的価値を低下させるものではないことの認識と体得を通じて、恥の意識や劣等感を克服し、積極的な生活態度に転ずること」としており、そのような状態に段階を追って到達し（段階理論）、価値の転換をすることでなされる（価値転換論）としています。つまり「人の価値」が大切だと言っているのです。どこにも論理的な矛盾はないように感じられます。一体この理論のどこに間違いがあるのでしょうか。

第二章でもみましたが、それでも批判はありました。段階理論が実際に適合しない理論であるという批判です。私はそれに加えて、価値転換論について「個人の変容にのみとらわれていること」「方法論の不明さ」「困難さ」を加えたいと思います。

一つずつみていきましょう。まず、「個人の変容にのみとらわれていること」です。どういうことかというと、この上田氏の理論では、どうしても「社会が付与する障害の否定性」を前提として（肯定して）話を進めざるを得ないという論理構造的弱点があると考えます。それがたとえこの理論の本意ではないとしても、価値転換が、「社会が付与する障害の否定性」（注1）、あるいは「能力主義的障害観（感）」

（注2）を前提としたうえで、障害を持つ本人によって障害価値の発見を行うことを期待する（注3）ので、その人にとってみれば相当の「困難さ」を持つ理論にならざるを得ないことになります。その困難さは、第三章、第四章でご紹介した事例からもおわかりになるかと思います。そしてそれこそがクライエントに対して「障害の否定性（能力主義的価値観（感））」を内在化するほうへ仕向けようとする根源的な原因をつくっているのではないかと考えます。このことの問題は、次章でさらに考えます。

二つ目の「方法論の不明さ」とは、上田氏の理論には「再起のための原動力」はどこから・どのようにしたら得られるのかについての記載が見当たらないことです（注4）。私たちは、傍からみれば不幸とか不運とみられる状況に置かれた時、どこからどのようにエネルギーを得て、気持ちを上向かせ、不幸でも不運でもない世界観を獲得できるかということです。これもまた「困難さ」に関わるでしょう。

アプローチ法の問題

それにしても、上田氏の「障害受容」の定義をみると、非の打ちどころのない理想的な定義のようにみえます。一体なぜ臨床場面では、第五章でみたような「押しつけ」を含む用いられ方になってしまうのでしょうか。リハビリテーションのアプローチ法とのかかわりで考えてみます。

一つ目は、第二章でも述べましたが、リハビリテーション実践にある二つのアプローチ法（「回復アプローチ」「代償アプローチ」）が、クライエントの身体に対して異なる価値を持っているため、アプローチ法の移行には、クライエントにとって「価値の転換」を強いられるものとなる可能性があること、二つ目は、前述したように「障害受容」のキー概念となる価値転換論の方法論が明確に示されていないこと、三つ目は、リハビリテーション従事者が日頃重点を置いていることが関連しているのではないかと考えます。

三つ目についてですが、日頃リハビリテーション従事者は、機能回復やＡＤＬの自立、社会復帰などを目標に設定し、そちらへのアプローチ法が「障害受容」よりはるかに重要視されるため「専門性の遂行」に重点が置かれ、結果的に「障害受容」がクライエントへの「押しつけ」を含むようなかたちで用いられてしまうのではないかということです。

(2) セラピストにとっての問題

他性の否定の不快

セラピストにとっての問題もあります。インタビュー結果から明らかになったことで、多くのセラピストにとって「障害受容」は、実際の臨床場面で使用するには躊躇する言葉にもかかわらず、支援の目標には置かれるという矛盾した概念となっていることがわかりました。その理由として、この言葉を臨床実践で用いようとすれば、どうしても第五章で述べたような「押しつけ」を含む用い方をせざるを得ず、そのようには用いたくないというセラピストの思いがあって「障害受容」は臨床の現場で姿を見なくなったのでした。

とはいえ、第六章で確認されたように、多くのセラピストにとって「障害受容」は全否定された概念ではなく、「障害へのとらわれから自由になって楽な気持ちになれるのがよい」と考え「障害受容」はそのような状態であるとし、支援の最終的な目標であるとしていました。

しかし、私は「楽にいられる」を「障害との自由」とし、「障害受容」とは異なるものであると述べました。その異なりは、「私」の感覚を頼りにした時の異なりでもありました。つまり、「障害受容」は「他性の否定が不快である」というセラピストの「私」の感覚から否定され拒絶されましたが、「障害との自由」は、セラピストの「私」の感覚から肯定され支持されたものでした（詳しくは第六章をご参照ください）。

都合よく用いてしまうことの不快

もう一つ、セラピストが実際の臨床場面で「障害受容」という言葉の使用を躊躇する原因として、セラピストの側にとって都合よく用いてしまうことに対する違和感や不快感がありました。そうしたメカニズムが生じてしまう要因として次の二つが考えられます。一つが、リハビリテーションのアプローチ法と「障害受容」の支援法との関係が明確でないこと、二つ目が、「障害受容」の支援法そのものの方法論が明確でないことです。

別の答え―教育の現場ではどのように教えればよいのか

これまでみてきたように、「障害受容」は、リハビリテーション臨床においてクライエントとセラピスト双方に大きな問題を落としていることがわかりました。では、そうした問題に対応する別の答えを用意するとしたらどのような答えを用意できるでしょうか。

まず重要なことは、これまでのリハビリテーション臨床における「障害受容」の使用法と、そうした方法が生じる「仕掛け」を伝達しておくことではないでしょうか。そのことのなかには、もちろん、リハビリテーションの功罪と方法論上の難点が語られることになると思いますが、上田氏の理論を説明して終わりにしてしまうよりは、セラピストが臨床に出てから「障害受容」という言葉に翻弄されずに済むはずであり、また不用意な用い方も控えるはずであるため、そのほうがよいと考えます。

また一九九〇年代以降、「障害受容」に関する批判的な研究、あるいは、それに代わる理論が出てきているので、それを紹介しておくことにも意味はあるでしょう。批判はそれなりの理由があって批判をしているのですから、ある理論の善し悪しを知ることは、新たな理論生成（学問的発展）への原動力にもなります。また新たな理論については、その理論の正しさについての検証を重ねつつ、臨床での適用についての検討がなされるとよいと思います。学校の先生は研究者でもありますから、そうして得られた知見を学生に還元できれば、学生は臨床に出てから後の理論との対し方も同時に学習できると思われます。

それにしても、「障害受容」に関してインタビューの結果から読みとれた最大の問題は、教育の現場においてあまりにも「障害受容」が軽視されてしまったことではないでしょうか。何か言おうとしても上田氏の理論が有名で、それを説明すれば「障害受容」について説明したとなる気持ちはなんとなくわかるような気がしますが、実はそれでは何も説明したことにはならないことをこれまで述べてきたつもりです。

しかもこのことは、クライエントにとって極めて重要な問題ですから、軽視してはならないことだと思います。そして、「障害受容」をめぐる問題はリハビリテーションの思想、パラダイムを大きく変換する可能性を持った非常に重要な問題だと思います。なぜなら、リハビリテーションのアプローチが、「クライエントの価値をどのように規定し」「なぜ」「何を目的として」適用されるのか（クライエントに対してどのようなベネフィットを用意できるか）というアプローチの操作方法をめぐる規範・倫理問題に深くコミットしているからです。

インタビュー結果から明らかになったことは、これまで流通してきた「障害受容」―「社会適応」概念は、極論すれば、「人の価値」を否定するという一点において、セラピストから支持されていないという事実です。もちろんさらなる実証研究は必要となりますが、それにしても「障害受容」という言葉が臨床現場でほとんど用いられなくなったというのはよく聞かれる話です。そしてかわりに今回のインタビュー調査で支持されたのが、「障害との自由」でした。仮に「障害受容」にかわる言葉を用意するなら「他性の肯定（障害との楽な関係）」「社会適応」にかわるものが「自由」となるでしょうか。例えばこうした概念から、「障害受容」―「社会適応」概念にかわる、アプローチ法の操作地図が理論構築されるという試みがあってもよいのかもしれないと考えています。

文献

(1)上田　敏：障害の受容―その本質と諸段階について。総合リハ八：五一五―五二一、一九八

○

(2)石川　准：障害学への招待二—障害、テクノロジー、アイデンティティ。明石書店、pp四一—七七、一九九九

(3)韓　星民：情報支援技術開発における技術者の「障害受容」。第六回科学技術社会論学会報告、東京工業大学岡山キャンパス、二〇〇七

脚注

注1　第三章の事例検討では、むしろそれこそが問題の核心であり、「社会が付与する障害の否定性」さえなければ、「障害を受容する」という個人が行う障害への否定から肯定への変換の営みもいらないという結論を導きだしている。また、第四章においても、受容や参加の「あり方」は、一般社会に浸透している価値や規範、規則に内在する障害に対する否定観（感）という問題も含めて肯定や承認という観点から考えていく必要があると述べ、その問題の重要性を指摘している。

注2　第五章で、「できる／できない」という能力的な観点からのみ障害をとらえようとする視点を「能力主義的障害観（感）」と呼ぶことにしている。

注3　（文献1）には、「対応の仕方」として、社会（スタッフや家族）の側の価値転換や障害受容の重要性が指摘されているが、価値転換論は基本的に障害を持つ個人の側の変容に力点が置か

れた論であるといえると思う。それに対して、自身も視覚障害を持ち障害を持つ人の支援技術を開発する企業に勤める韓星民氏は、企業の側の「障害受容」の段階理論についての着想を持っており、明確な対照性があると考える（文献3）。

注4　（文献2）では、「感情」という側面から「障害受容」の問題をとらえ、従来の障害受容論には、「人を再起させる原動力がどこにあるのかという説明は必ずしも示されていない」（五四ページ）と指摘する。そして、「感情は人がどのような世界観を信じ、どのような価値体系にコミットしているのかを表現する。だから、障害を受け止め、それをポジティブなものとしていこうとする営みは『本来的感情』や『本来的身体』を創造し、それを共同して実践していくことになる。これまで信じていたものを捨てて別のものを信じるというのは並大抵のことではない。それは『心をつくり直す』プロセス、いわば命がけの感情管理である」（五九ページ）と言う。

第八章　「障害受容」から「障害との自由」へ——再生のためのエネルギーはどこに？

第六章、第七章で、「障害受容」ではなくて「障害との自由」がよいのではないかと書きました。本書もいよいよ終盤戦です。そこで終盤戦は、「障害との自由」について、少し私の発想のまま自由気ままに素描して、執筆を終えたいと思います。少しわかりづらいかもしれませんが、よろしかったらお付き合いください。それはまた、「再起のための原動力」の在り処《あか》を探し求める作業でもあります。

三つのエレメントから「障害との自由」について描いてみようと思います。一つは「できないこと」の表象、二つ目は「個人の変容にのみとらわれること」の閉塞感、三つ目が「他なるもの」とは何か、です。

前二者については、「障害受容」という言葉（とその用いられ方）の主要な問題として挙げられます。つまり、「障害」を能力という観点のみからとらえ、「できないこと」の否定的価値をクライエントに押しつけてしまうこと（第五章で既述）、そして、「個人の変容にのみとらわれていること」（第七章で既述）が、クライエントに対して、障害の否定性を内在化する（無力化する）ほうへ仕向けようとする根源的な原因をつくっているのではないかと考えたからです。さらに第六章で、私は障害を「他性（≠制御できないもの）」と称しましたが、では「他性＝他なるもの」とは、いかなる存在なのでしょうか。「他性＝他なるもの」を感受するとはどのような経験なのでしょうか。これら三つのエレメントから「障害との自由」についての素描を行ってみたいと思います。

まずは「できないこと」の表象についてみていきます。「できないこと」の否定的価値は一体どこから発生しているのでしょうか。「できないこと」は本当に否定されるべきことなのでしょうか。こうした問いに対する答えを突き止めたいと思います。

「できないこと」の表象

(1)「できること」「できないこと」の価値

まず「できないこと」を確認するためには、その対極にある「できること」を確認しておくとよいでしょう。世の中は必要な分の生産を必要としているということがあります。その意味で「できること」は歓迎されます。ただ、立岩真也氏の『障害学の主張』(1)によると、「できること」の位置はそれ以上でも以下でもないと書かれてあります(六八ページ)。しかしながら、世の中の規則は、それだけにとどまらず、「自分の働き分は自分だけがとってよい」となっています。こうした規則によって、世の中は「できること」の肯定的価値に傾き(「できないこと」の否定的価値に傾き)、障害のないことがよいこととされ、自らが行うことがその人の価値と等価となってしまっています。

(2)「できること」「できないこと」の快

一方で、自分でできることがその人にとっての快であるという次元もあると思います。例えば感覚という次元です(同書、五七ページ)。自らが感得することによる快・不快というものがあります。目が見えないことは、目が見えることによる快を得られないかもしれません。ただ、それにしても感覚はその人その人のものですから、目が見えないことによる感覚の世界があるといえます。しかし、目の見える人は、目を閉じれば目の見えない人の世界も同時に体験できますから、やはり「できること」は「できないこと」より選択可能性の幅が広がるからよいとも考えられます。しかし、世の中には驚異的といえるほど目が利く人がいて、普通の人が見えないものまで見えてしまうことがあったとしても、私がそうなりたいかと考えると、そうとも限りません。さしあたり、いまの状態で生活に不便があるわけではないし、いまとは別の世界を体験してしまうことの不安があるからです。つまり「選択可能性の幅が広がるからよい」とは一概には言えないのです。また仮にそれを初期値として選んだとして、それがよかったと思えるかどうかも、結局のところ、人は一つの人生しか生きられないのだからわからないのです（同書、六五ページ）。

それは世界の操作にまつわる快・不快についても同じようにいえると思います。ただ、世界の操作にまつわる快・不快については「できる」「できない」というその人の身体に由来する問題だけでなく、労働や社会参加という次元の影響を受ける可能性もあります。つまり「できない」ために労働市場で労働力として選ばれないとき、その人は労働をするという快を得られないことになります。そこには「できる」「できない」による歴然とした差異が生じます。これは差別です。

また、自分で何かができる時、その何かを自分で行うことがなかなかに労力であったり負担であったりするということがあります（同書、五六ページ）。そして、かつては人にやってもらうことは特権的で贅沢なことでした（同書、五六ページ）。つまり「できること」による不快、「できないこと」による誰かに行ってもらう快もあるわけです。

(3)「できる」から「できない」へ——生きる様式の変化

これまでできたことができなくなってしまった、できることの便利さや快の世界を知っているうえで、その便利さや快が失われた世界に来てしまった、ということがあります。もちろんそれは、失われた世界でもあり、これまでとは異なる新しい世界でもあります。「失われた世界」から「新しい世界」への転換に対する本人の苦しみに「障害受容」という言葉が使われたりします。

「新しい世界」には別の便利さや快が用意されているのかもしれませんが、それはいまのところわからないし、やはり失われてしまったものに対するやるせなさがあります。一つには、別の便利さや快が得られればよいか、です。ただそれには生きる様式の好悪という問題が絡んでくるかもしれません。つまり、いままで行っていたやり方をいまの自らの状況に適合させて行う時、その様式の美醜が気になるということです。そしてその美醜がその様式を採用するか否かの基準となる可能性があると思います。

それはセラピスト側にもあるかもしれません。それがクライエントの能力評価に関係する可能性もあると思います。しばしば聞く話ですが、訓練場面では「できない」と判断されたことが実際の生活の場面ではできていたりすることがあります。また、訓練場面で教えられた様式が、実際の生活の場では行われていないこともあります。その人自身のほうがその人に適合した様式を見いだせることがあって、そのほうがその人にとって便利であり、快であるかもしれないということだと思います。

また、そうした発見の快ということもあるでしょう。発見された様式は、これまでの一般的な基準からは逸脱しているかもしれず、既存の基準に照らせば受け入れにくいものである可能性があります。その違いに周囲が嫌悪を感じることがあるかもしれません。そして周囲の嫌悪を感じとり、その人が羞恥を感じてしまったり、気が引けてしまったりすることがあるかもしれません。しかしそれはその人にとっての便利さや快を伴う生の様式であるのだから、周囲の嫌悪がどうだからといって、それを周囲に合わせ取り下げることはないわけです。そういう意味では同じことを行っているにすぎません。ただ珍しいだけなのです（同書、五九ページ）。

(4)「できないこと」—周囲の負担

もう一つの問題は、自分であることができるようになるために、他人の手を借りる必要がある場合です。つまり、あることが自分一人の力ではできない。できない、あるいは、できる必要があるのに行えないという状況です。人の手を借りる時、手を貸すその人のことを考える必要があります。そのことについて同書には次のように書かれてあります（六六ページ）。

手を貸さなくてはならない時、それはその周囲の人にとってたしかに負担である。誰かがどこかに行きたい時、その人自身の力で移動しないのなら、誰か他の人が力を出さないとならない。本人でなければそれを行うのはまわりの人だから、本人ができ、その本人にやってもらった方がまわりの人は楽である。その意味でその人に障害のないことは「よいこと」である。

障害があることが本人にとってよいかわるいかは定まらない。この単純な意味で、障害がないこと自体がよいとは言えないことを述べてきた。他方、周囲にとっては、(負担という点では)障害があることは確実に都合がわるく、ないことはよいことである。「本人」がこのことを隠れ蓑?に使われ、本人だけのこととされることがある。そして当人もそんな周囲から学習し、自分のことを負担に思ったりするだろう。このように実際は混じっている。だがその発祥の地はあなた方の方にある。このことをはっきりさせておこう。不愉快の源泉は、あなた方のことである(可能性が高い)のに私のことのように言うことにある

「できないこと」は、それを「できる」ようになるために、周囲の手を必要とすることがあり、その周囲には、手を貸すという負担が生じます。手を貸すということは、端的に言ってその人にとっては負担です。それはその周囲に「できること」がよいことだと思わせる可能性があります。「できること」のよさは、むしろ周囲に偏位してあるらしいのです。「できない」本人にとっては、こうして周囲の手助けにより必要が満たされ快が得られるのであれば、なにも自分でできなくてもよいともい

えます。ただ不愉快なのは相手の不愉快のために、自らの存在が否定的なものと見なされることです。つまり「できないこと」の否定感の多くは、社会の規則や（負担と感じる）周囲などの外在的なものである可能性があるのです。

(5) まとめ

これまでみてきたように、「できないこと」は世界の感受の様式の一つであり、本人にとってそこから得られる快もあります。ただ、自分で行えることの快が得られないことはあり得ます。それにしても、労力を減らせる快やそれを他者に行ってもらえる快も残されており、それが「できないこと」の全面的な否定にはつながらないだろうこともみてきました。

ただ、「障害受容」という言葉が用いられるような、「できること」の便利さや快の世界を知っているうえで、その便利さや快が失われた世界に来てしまった場合はどうでしょうか。やはりそこには、これまであったはずの便利さや快の喪失は事実あり、失われたものへの愛着も残る可能性は十分すぎるほどあるでしょう。少なくともきっぱり割り切れるものではないと思います。しかし、それは別様の世界への扉が開かれたことでもあると思います。別様の便利さや快は得られます。別様の便利さや快が、これまでの様式とは異なっていることからくる抵抗感はあるかもしれません。しかし、慣れとは新たな便利さや快の感受をよいものとするということでしょう。慣れてくる可能性があります。残りは、社会の規則や（負担と感じる）周囲などの外在的なものです。これは、「できること」から「できないこと」への変容をよいものとは見なしません。むしろ「できること」がよいと見なします。

そして「障害受容」と言った時、「障害」を能力主義的な障害観（感）でとらえていることをみてきました（第五章で既述）。それは外在的な障害観（感）であり、「できないこと」をよくないとする（否定的価値付与を行う）見方でした。また、その外在的な障害観（感）は、その人にとって内在的な、「できないこと」の「できること」とは異なるけれど同じだけ広いその世界すら否定することになります。リハビリテーション従事者たちはそんなことはないと言うかもしれません。自分たちは、クライエントにとっての便利さや快の増加のためにリハビリテーションを行っており、事実、そうなっているしそうしようとしていると。

むしろ私が問題だと感じるのは、能力主義的な障害観（感）に対抗し、その人が感受する障害（身体）世界を肯定できる明確な基準線がリハビリテーションの理論にはないことです。「障害受容」という言葉が用いられる時の外在的で能力主義的な障害観（感）の出現と、それに伴う内在的な障害（身体）観（感）の抹消性が問題だと考えます（注1）。そしてインタビューの結果は、そのように感じているセラピストが少なからずいることを示すものでした。リハビリテーションが、内在的な障害（身体）観（感）や「できないこと」を肯定し、クライエントにとっての便利さや快に役立つことができるなら、やるせなさ（を持ちつつも）のなかに再生のためのエネルギーが動きだす一つの糧になれるかもしれないと思います。

「個人の変容にのみとらわれること」の閉塞感

次に、三つのエレメントのうちの一つ、「個人の変容にのみとらわれること」の閉塞感から「障害との自由」についての素描を行っていきます。

私は第七章で、上田敏氏の障害受容論をかたちづくる一つの理論である価値転換論について「個人の変容にのみにとらわれること」の問題を指摘しました。つまり、「個人の変容にのみとらわれている」ために、「障害受容」は、「社会が付与する障害の否定性」（注2）を前提として（肯定して）話を進めざるを得ないという論理構造的弱点がある（注3）、という点でした。

つまり価値転換論は、「社会が付与する障害の否定性」（注2）、あるいは「能力主義的障害観（感）」（注4）を前提としたうえで、障害を持つ本人によって障害価値の発見を行うことを期待しているので、それがたとえこの理論の本意ではないとしても、障害を持つ本人にとってみると、相当の「困難さ」を持つ理論にならざるを得ないということです（その困難さについては、第三章、第四章でご紹介した事例からもおわかりになるかと思います)。

そして、私は、「個人の変容にのみとらわれること」からある種の閉塞感を感じました。それは、表現するなら、外がとても硬いために内にあるものがまったく外に出ることができないような内側からみた閉塞感です。それは人を無力化する何か、といえるかもしれません。それはどういったことなのでしょうか。ここでは、私のこの直感を言葉にする作業をしつつ「障害との自由」について素描をしていきたいと思います。

(1) 閉塞感とは

前節において、「外在的な障害観(感)」(注5)「内在的な障害観(感)」(注6)という言葉を用いましたので、それらを用いてみようと思います。

前節では、「外在的な障害観(感)」にとらわれない「内在的な障害観(感)」の育成が、肯定的な障害観(感)の育成につながるのではないかと考えました。つまり

「外在的な障害観（感）」を差し引き、生の快適さ、生きやすさがあれば、「障害」はその人にとって、その人と世界とをつなぐ接続線でしかないからです。しかもそれは多くの人が持ってはいない世界との特別な接続線です。

「個人の変容にのみとらわれる」とは、それらに当てはめると、一体何をしようとしているのでしょうか。「外在的な障害観（感）」が肯定されている（前提とされている）ことがまず指摘できます。これはとても大きな問題だと思います。なぜなら、それは「できること」がよいという価値観を持ち、「自分の働き分は自分だけがとってよい」という世の中の規則を支持し、「できること」の肯定的価値に傾き（「できないこと」の否定的価値に傾き）、障害のないことをよいこととし、それを人の（肯定的な）価値としているからです。

「できないこと」「制御できないもの」に対してそうした価値を持つ外壁に包囲され、それが個人の内面にも染み込んでくれば、それは個人の内面において「内在的な障害観（感）」を育成していくことの阻害要因となると考えられます。そしてまた、その個人が、何かの拍子に「内在的な障害観（感）」の芽生えを感じたとして、それを「外在的な障害観(感)」という外壁は周到に摘んでいく作用をしていくでしょう。

「内在的な障害観（感）」と「外在的な障害観（感）」は、「障害」をめぐり、まったく異なる意味世界を持っている可能性があると思います。また、「内在的な障害観(感)」は、世界がいまだ知らない形態・価値・様式を表示する可能性を持っています。しかし、「個人の変容にのみ」期待がなされる時、実はそれは、すでに私たちが知っているもの、すでに世界にあるもののあらわれ以外を許容していない可能性があるのではないでしょうか。それはいわば、内在的な未知なるものの、世界へのあらわれの拒絶ともいえるかもしれません。

「個人の変容にのみとらわれること」の閉塞感とは、個人と世界とが、すでにあるもの同士の予定調和で結ばれたことによる閉塞感であり、いまだないもののあらわれによる個人と世界との交通可能性の遮断による閉塞感といえそうです。

(2) 未知なる他者との出会い―「べてるの家」の取り組み

具体的な例で見てみましょう。皆さんは「べてるの家」をご存じですか。「べてるの家」は北海道の浦河にある、精神障害、なかでも統合失調症の人たちの生活の場であり、仕事の場であり学究の場でもある、多機能で摩訶不思議な集合地です。

特に「べてるの家」の生産活動は、取り組みのコンセプトがとてもユニークだと思います。例えば「安心してサボれる会社づくり」というコンセプトがあります。精神障害を持つ人にとって「働く」ことは、人間関係や将来への不安などから再発や挫折経験につながったりしてきました。そこで、「べてるの家」のメンバーである下野勉さんから生まれたのが「安心してサボれる会社づくり」でした。

下野さんは、最初は周囲の期待に応えようと頑張れるのですが、つい一人で仕事を抱え込みがちで、だんだんに頑張れなくなってしまうのでした。しかし一人でその仕事を担っているのですから下野さんがダメになってしまった場合、その仕事は滞留してしまうことになります。そして何よりも、下野さん自身が、期待に応じられない苦しさやストレスによって精神的に追いつめられ、結局入院する羽目になってしまいました。

そうした経験が基になり、いまでは下野さん一人が行ってきた仕事を一〇人で行う体制がつくられました。こうして下野さんは、安心して病気にもなれるし、好きなギターを弾くことができるようにもなりました。

また、おもしろいイベントも行われています。「G&M大会」というものです。「G」とは「幻聴」であり、「M」とは「妄想」のことです。ユニークな幻聴に対して賞を贈るという企画です。そして「べてるの家」では「幻聴」を「幻聴さん」と呼びます。『べてるの家の『非』援助論』(3)ではその経緯について次のように書いてあります。

医療の場では、幻覚妄想は非常に忌まわしいもの、つらいものとして考えられてきた。だから幻聴の中身に立ち入らないことを重視したり、なんとか薬の力で封じ込めようとしてきた。しかし、すべての人の幻覚妄想が単純な薬の力で消えるわけではない。嫌々でもつきあっていかなければならない場合も少なくない。孤独で、将来に希望のないなかで聴く幻聴は、おしなべて「死ね」とか「馬鹿」とか、とにかく嫌なことを言ってくる。ところが、不思議なことに仲間が増え、人とのコミュニケーションが豊かになると、幻聴にも愛嬌が出てきたりする。そのような当事者の体験を聴かされるにつれ、幻聴とのつきあいは人とのつきあいに似ていると思う。その人自身が置かれた日々の人間関係や、その人自身の暮らしのスタイルと密接に関連していることがわかってきた。そして誰が言うとなく、幻聴は親しみを込めて「幻聴さん」と呼ばれるようになっていた（同書、一〇一ページ）

また以下は、清水里香さんが「べてるの家」を初めて訪れた時の感想です。

そのころ、母からべてるの家のことを紹介されました。もう、どこでもよかったのです。とにかく、自分のことを誰も知らない北海道の浦河まで逃げたのでした。浦河赤十字病院に来ていちばん驚いたのは、精神科を受診したとき、いきなり川村先生に誉められたことです。先生に、いままでのつらかった体験を話したとき、すごく喜ばれたのです。私はこんなに誉められたのは生まれて初めてでした。病気のことで自分が肯定されたのも初めての経験でした。いままで「幻聴が聞こえる」と言ったら全部否定されていました。「それは全部病気だから」「薬を飲んでいるの?」と、そんな話しか出てきません。浦河に来て、向谷地さんも川村先生も、なんでもうれしそうに私の話を聞いてくれます。「私はエスパーだ」と言っても、ちゃんと理解してくれているんだとわかったとき、ほっとしました。それは、私自身が誉められたというのではなく、七年間悩み苦しんでいた病気の経験を認められたような感じがしたからです。なによりも「あなたは、浦河が求めていた人材です」と言われ、自分の病気の体験が必要とされていると知ったとき、天と地がひっくり返ったように驚きました。七年間苦しんで苦しんで、誰も私の話を聞いてくれる人などいませんでした。私は、とにかくつらくて安定剤がほしくて精神科に通っていました。病院でも医師は「調子はどうなの」としか聞いてくれず、もし私が「今日は調子がいいです」と言ったものなら薬が減らされるのではないかと心配で、本当のことが言えませんでした。浦河に来て自分が受け入れられたと思ったとき、いまの自分の本当の調子を人に話しても何も変わらないという安心感を得ることができました。ここに来て自分の体験を誉められ、人とかかわるようになってようやく、自分が「自分いじめ」をしていたことに気づき、自分の病気がわかるようになりました（同書、一一四ページ）

「べてるの家」のこうした取り組みを私はおもしろいと思うのですが、そのおもしろさはどこにあるのでしょうか。「べてるの家」の取り組みには、「外在的な障害観（感）」の「内在的な障害観（感）」に対する閉塞性を打ち破るような何かがあるように私には感じられます。

清水さんがこれまで精神科を受診した際、幻聴は否定されるべき対象でしたが、「べてるの家」の医療者・支援者は、うれしそうに喜んで清水さんの幻聴の話を聞き、その話をしっかりと受け止め、理解しました。そして、清水さんが病気で苦しんだ七年間を誉め、「あなたは、浦河が求めていた人材です」と歓待したのでした。

こうした「べてるの家」の対応は、清水さんのこれまでの経験からは考えられなかったことであり、清水さんにとって大きな救いとなったことがわかります。そして清水さんは、このような「べてるの家」の対応によって、「いまの自分の本当の調子を人に話しても何も変わらないという安心感を得ることができた」とし、「自分が『自分いじめ』をしていたことに気づき、自分の病気がわかるようになった」と言っています。

「べてるの家」に来る以前の清水さんは、調子がよい時も、幻聴や妄想に孤独に遭遇することを恐れ、それを正直に言うことができず、また、調子が悪い時は、ただ孤独なままに、出会うことを恐れていた幻聴や妄想と立ち向かわざるを得なかったのではないでしょうか。つまり、これまでは自分の本当の調子を他者に話せば話すほど、自分と病との孤独な関係に内閉していかざるを得なかったのでしょう。それが「べてるの家」では、話せば話すほど皆が歓待してくれる。つまり「何も変わらないという安心感」とは、孤独にはならない安心感と言い換えることができるのではないでしょうか。

幻聴に「さん」をつけるということは、幻聴を未知なる他者とし、そこに「外在的な障害観（感）」も照準を合わせてきたことになります。それには「外在的な障害観（感）」の柔軟な変容の可能性がみてとれます。そして、こうした内在―外在の交通の可能性を清水さんが感受した時、清水さんは初めて「自分の病気がわかるようになった」のです。

これは「障害受容」が求めている姿ではないでしょうか。だとすれば、「障害受容」のためになされるべきことは、「障害」を否定するすべての「外在的な障害観（感）」を捨てて、その人の「内在的な障害観（感）」の萌芽を探し、それを「外在的な障害観（感）」へまで流通させることではないでしょうか。その過程のどこかに再生のためのエネルギーが動きだす何かがあるような気がするのです。

それにしても、それを「障害受容」と表現するのはもはやふさわしくないと私は思います。むしろそれは、私にとってもあなたにとっても、「障害」の未知性（他性）に出会うための自由な旅路のように思うのです。だから、私はそれを「障害との自由」と表現しておきたいと思います。

「他なるもの」とは何か

ここでは、「できないこと」の表象、「個人の変容にのみとらわれること」の閉塞感の続きで、「障害との自由」を素描するために、エレメントの三つ目である、「他なるもの」とは何かについて、ある小説を頼りに、私なりの言葉の組み立てでその輪郭を象《かたど》ってみようと思います。そして最後に、「障害との自由」についてのまとめを行います。

「他なるもの」とは――小説『胎動』(6)の一節より

それは『胎動』という題名の短編小説です。A5判一段組みの普通タイプで一一ページだから一気に読めてしまいます。この小説の著者は田所靖二という人で、自身の実体験を基にして書かれた小説のようなのですが、ハンセン病療養所内の夫婦に生じた出来事の一コマが描かれています。といっても淡々とした平和な、というものではなく、一瞬のドスンというような大きな揺れが濃密に描かれている感じがします。明るい話ではありません。

昭和二四年三月に「新女苑」という雑誌に掲載されたもので、その時代のハンセン病療養所内に生きる人たちに対する差別的状況がつぶさにわかる作品でもあります。あらすじはいたって単純で、ハンセン病療養所内で生活をする夫婦に子どもができるという話です。しかし当時のハンセン病療養所内で子どもを産むことは禁止されており、結婚の際に男性は、輸精管の一部を切断するという断種手術を受けることが絶対条件となっていました。だからこの妊娠はあり得ない妊娠だったのです。そのため、この女性は周囲にその身体の変化を指摘され、妊娠が疑われてもなお、自分が妊娠したとは微塵も思っていませんでした。

しかしそんな本人をよそに、周囲は妊娠の噂を拡げます。療養所内で子どもをつくることは、禁止されている以上の意味を持っていました。それは「汚れた血の塊りの子」を産むことであり、産まれてくる子どもに対して「むごい」行いであり、療養所内では「子を産む女は片端」だとされました。しかもあり得ない妊娠をしたのだとしたら、それは姦通ではないかという疑いも生じます。つまりこの噂には、嘲罵、軽蔑、嫌悪、冷視……が秘められていたのでした。

この女性の名前は佐喜といいますが、佐喜はある時、腹がピクッと動いたように感じ、よくさすってみると腹にしこりを発見します。以下はその時の描写です。

「なんだ、佐喜どうしたんだ」

あっああと悲鳴をあげながら体を震わして咽んでいる佐喜を、俊二は慌てて抱き起こした。

「しこりが、しこりが…」

佐喜は狂ったように夫の胸をゆさぶった。

「シコリ！」

俊二にはさっぱり見当がつかなかった。ただてこずったように、暴れる佐喜を抱きしめていた。

「しこり、しこり、お腹に、子供だわ、子供のしこりが、ああああ―」

佐喜はますます狂乱した。瞬間、俊二も驚愕して佐喜の体を突放した。

「子供だって…」

俊二の声もたちまち、うわずった。

「どこに、どこだ」

「ここよ、ここ」

暗がりの中で、あられもなくひろげた佐喜の腹を、俊二は夢中でさぐり出した。四本の手が白い腹の上で目茶苦茶にもつれ合っていたが、やがて一個の拳大程のかたまりを押さえることが出来た。俊二はそれをしっかりと押さえつけながら、いつか呆然となっていった。佐喜ももう暴れてはいなかった。静まってゆく暗がりの中で、やがて佐喜がわっと泣き出し、同時に俊二も、妻の白い腹の上に伏せると、ぎっと歯を喰いしばって泣いた。


こうして本人たちに初めて自覚された妊娠でした。夫はその事実に対して、「苦しむんだ、いいか、二人で苦しむんだよ」と応答します。佐喜は夫の強い愛情を感受し、「そうだ苦しもう。自分の身は潔白なんだ。誰に恥じることなんかない、夫は信じていてくれるんだ。らい病だってなんだっていい。清い清い自然の中に生きるんだ」と一時は思います。

しかし、産まれてくる子どもの苦しみ、そうは言ってくれるものの断種手術を行ったのに子が産まれるという矛盾を内心に持つ夫の苦しみを想像し、佐喜は悩みます。そして、悩んだ末の決断として死を選びます。その（小説としても最後の）描写を引用します。

長い長い悩みの果てから、佐喜は静かに観念した。夫の為にも、そして産まれ出る子供の為にも佐喜は唯一つ清く生き残る道の死を選んだのであった。死、この平凡にしておかしがたい真実の道が、いまは佐喜を救ってくれる、それこそ唯一つの灯でもあった。

—信じております。信じて下さい—

それでも、この期に及んでなお夫にだけは分かって貰いたかった。そうして、鉛筆で走り書きした紙片を夫の机の上にのせ、せめてもの晴着を身につけてそっと寮舎を抜け出して来たのであった。

　若葉をとおして、蛙の声が無性に佐喜の郷愁をそそった。じっと突っ立っていると、それは母のいる故郷の地のような気がして、いま十九年の命を断とうとしている身に不覚の泪がさんさんと流れた。その想念を幾度か払いのけて、やがて佐喜は、袂から一本の細帯を取り出すと、眼の前の頑丈そうな枝に、それは何度もかかってやっと引っかけることが出来た。そしてしっかりと輪に結んだ。すぐ首にかけようとしたが、動悸が目茶苦茶に速くなって、なかなか思うように行かないので、一旦《ママ》その静まるのを待とうとした。

　若葉の夜空に、オリオンの星座が美しく輝いていた。ふと佐喜は、結婚する前の頃俊二と二人で、このオリオンの光りに歌い、此聖浄な星座に二人の希望をつないだことの楽しかった夢を想い起こした。そうして今宵この星座の下で死んでゆく幸せを沁々と思わずにはいられなかった―。佐喜はもう一つ小さな輪を重ね、それを両手にしっかりと持ちこんどこそ完全に首にかけようと、思い切り体を伸ばした。

途端に、「あっつつ」と呻きを発し、握っていた帯を放すと、佐喜は一たまりもなく草むらの中へ転げ込み、なおも呻きながら腹を抱えていた。何か溌剌とした生き物が、腹の中で、ずーんずーんと激しい勢いで、何物かを蹴り上げているのだった。

その激しい痛みにじっと体をかたくしながら、やがて佐喜は恍惚とした世界におちて行った。それは今宵この世で、佐喜がはじめて知る胎動であった。

私は、この最後に、「他なるもの」の存在を感じとったような気がし、それをどうやって言葉にしたらよいものかと思うのです。それはいまだ目で見ることはできない胎動としてあるのでした。しかしこの胎動は、世界さえ震撼とさせる威力を持っているかのようです。その胎動は、出現を望まれない存在の鼓動でした。しかし、無垢で、ただ与えられた生のエネルギーそのままに躍動しようとし、そのことに一切合切の集中をしています。驚くべきことは、誰も望まない、佐喜本人さえも望まないその存在が、この世界に出現した（ことを佐喜が感受した）その瞬間のことではないかと思うのです。

佐喜は、ただ未来しか知らないその存在とともに死ぬことを決意します。そしてその計画が失敗したと同時に、初めてその存在を痛みとともに感受したのでした。その瞬間を得て、佐喜は「恍惚とした世界におちた」のですが、私には、その世界が、望まれていない「他なるもの」が祝福を受ける（てしまう）世界の顕現として映ったのでした。そして、それはすでに世界に存在する誰の力によるものでもありませんでした。何による力なのかもわからない、ただ超越的な力能に委ねられたとしか言えないような、そんな力に支えられた存在の顕れが、「他なるもの」の顕れが、一瞬にして世界のあり様を塗り替えてしまったのでした。

「他なるもの」とは何か。うまくは言えないのですが、「他なるもの」とは、無力でもあり超越的な力能さえも持っているような逆説的な存在であり、それは私にもあなたにもいて、「他なるもの」こそが、すべてのエネルギーの根源であるように私には思えるのです。

「障害受容」から「障害との自由」へ

「障害との自由」を素描するために、「できないこと」の表象、「個人の変容にのみとらわれること」の閉塞感、「他なるもの」とは何か、について考察をしてきました。それぞれのさしあたりの結論は次のようなものでした。

(1) 「できないこと」の表象について

「できないこと」の否定性の多くは、社会の規則や負担と感じる周囲などの外在的なところから生じてくるものであり、障害を得た本人にとって「できないこと」は必ずしも否定的なもの(ばかり)ではなく、それは別様の世界の感受の様式であるとも述べました。問題は、リハビリテーションの理論に、内在的な障害観(感)を肯定できる明確な基準線がないこと、「障害受容」という言葉が用いられる時の、外在的な障害観(感)の出現と、それに伴う内在的な障害観(感)の抹消性だと言いました。そして、リハビリテーションが、内在的な障害観（感）を肯定し、クライエントにとっての便利さや快に役立つことができたなら、クライエントの役に立てたことになるかもしれないと言いました。

(2)「個人の変容にのみとらわれること」の閉塞感について

「個人の変容にのみとらわれること」の閉塞感とは、個人と世界とが、すでにあるもの同士の予定調和で結ばれたことによる閉塞感であり、いまだないもののあらわれによる個人と世界との交通可能性の遮断による閉塞感ではないかと述べ、「べてるの家」の取り組みからヒントを得て、内在―外在の交通可能性のなかに再生のためのエネルギーが動きだす何かがあるのではないかと述べました。

つまり、「障害」を否定する一切の外在的な障害観（感）を捨てて、その人の内在的な障害観（感）の萌芽を探し、それを外在的な障害観（感）へまで流通させる過程のどこかに、再生のためのエネルギーが動きだす何かがあるのではないか、ということでした。

そしてそれは、「障害」の未知性（他性）に出会うための自由な旅路でもあるので、私はそれを「障害との自由」と表現することにしました。

(3)「他なるもの」とは何かについて

「他なるもの」とは何か、ということで、『胎動』という小説を頼りに、「他なるもの」の輪郭を象《かたど》ろうとしました。うまくは言えませんでしたが、しかしそれは、「すでに世界に存在する誰の力によるものでもなく、何による力なのかもわからない、ただ超越的な力能に委ねられたとしか言えないような、そんな力に支えられた存在の顕れ」であり、「一瞬にして、世界のあり様を塗り替えてしまう」ような、そのような存在として書かれました。そして、「他なるもの」こそが、すべてのエネルギーの根源なのではないかと述べました。

以上のモチーフを用いて、どのような肉づけができるでしょうか。

少なくともこう言えると思うのは、「障害受容」のなかに、再生のためのエネルギーの根源が見いだせないということです。つまり、これまでみてきたように、「障害受容」の概念やその使用法は、社会の規則や「できないこと」を負担と感じる周囲などによる外在的な障害観（感）とコミットし、内在―外在の交通性が遮断される可能性を否定できないために、結局のところ障害を得た人を無力化していく通路を持ってしまっているのではないかと考えます。

再生のためエネルギーは、「障害受容」が見捨ててきたそのなかにこそあるのではないでしょうか。再生のためのエネルギーは、むしろ内在的な障害観（感）に、そして内在―外在の交通可能性のなかにこそあるのではないかと私は思うのです。「他なるもの（他性）」の訪れを感受することは、外在的な殻を打ち破り、世界のあり様を塗り替えてしまうほどの力がそこにあることを言いました。それゆえに「他なるもの」こそが、すべてのエネルギーの根源なのではないかと思われます。

そして「障害との自由」は、私やあなたの「他性の肯定の感覚」と地続きであり、私やあなたの「他性を肯定すること」であると述べました（第六章）。つまりそれは、内在的な障害観（感）の存在を肯定していることにもなり、私やあなたに内在する生のエネルギーの生起を支持していることになります。それはまた、私やあなたの別様の世界の感受の様式を支持していることにもなります。それゆえに、クライエントの便利さや快を優先させた視点が成立するのでしょう。

内在―外在の交通可能性は当然確保されるべきであり、そのためには、内在的な障害観（感）を支持できる（肯定できる）外在的な世界が必要であることを確認しましたが、セラピスト個人の世界観（感）がたとえそうであったとしても、一歩その外を見渡せば、セラピスト個人がそこに壁を感じ、無力化されるという自体もあると思います。この本では、概ねクライエントとセラピストとの関係性から考察をしてきましたが、もちろん、それで自体が終結するわけではないことを、この本の限界として書き留めておきたいと思います。

文献

(1)立岩真也：障害学の主張―ないにこしたことはない・か1、明石書店、pp四七―八七、二〇

〇二

(2)青木慎太朗：ひとりでできることの価値を問う―という視覚障害者の戦略的生存学。視覚障害リハビリテーション六六：五―一八、二〇〇七

(3)浦河べてるの家：べてるの家の『非』援助論―そのままでいいと思えるための二五章。医学書院、二〇〇二

(4)田島明子：「障害受容」から「障害歓待」へ―ソムリエ論による「べてるの家の『幻聴さん』」解体による一考察。

<http://www5.ocn.ne.jp/~tjmkk/ta8report.>

(5)上田　敏：リハビリテーションを考える―障害者の全人間的復権。青木書店、一九八三

(6)田所靖二：胎動。「新女苑」三月号、一九四九

脚注

注1　「できること」を目指すというリハビリテーションの営みは、時に、クライエントの生存を危機的な状況に晒してしまうことさえあるようである。自身が弱視で博士課程に在学しつつ大学で非常勤講師をしている青木慎太朗氏は、視覚障害の夫婦がホームから転落し、列車にはねられて重傷を負ったJR大阪環状線桃山駅における事故を例にとり、「一人でできること」に価値や目的を設定するリハビリテーションの方法が、こうした事故を防ぐ有効な解を示し得ない

ことを指摘している（文献2）。

注2　第三章では、事例を通して、むしろそれこそが問題の核心であり、「社会が付与する障害の否定性」さえなければ、「障害を受容する」という個人が行う障害への否定から肯定への変換の営みも要らないという結論を導きだしている。また、第四章においても、受容や参加の「あり方」は、一般社会に浸透している価値や規範、規則に内在する障害に対する否定観（感）という問題も含めて肯定や承認という観点から考えていく必要があると述べ、その問題の重要性を指摘している。

注3　とはいえ、例えば上田敏氏の（文献5）の二二二〜二二五頁のO君への手紙などには、障害受容が社会的不利の受容であってはならないこと、援助者など周囲の価値転換の重要性について丁寧な記載がある。しかしながら、それらは理論の周辺的な位置に置かれ、また、「社会が付与する障害の否定性」や「能力主義的障害観（感）」の問題性を指摘するものではないため、障害を持つ個人の変容に力点が置かれる論理構造となっているのではないかと考える。

注4　第五章で、「できる／できない」という能力的な観点からのみ障害をとらえようとする視点を「能力主義的障害観（感）」と呼ぶことにしている。

注5　前節で、「能力主義的障害観（感）」など、社会や周囲が障害に付与する価値観・障害観（感）を「外在的な障害観（感）」と表現した。

注6　前節で、その人が感受する障害（身体）世界のことを「内在的な障害観（感）」と表現した。

補遺

「はじめに」で述べましたが、本書の基となった予備論文を執筆し終えたのは二〇〇六年一月で、現在はそれから約三年が経過していることもあり、少しだけ歩みを進めて本書を終えたいと思います。ここで行うことは、一つには、私の本書内での「障害」についての記述の体系をもう少し明確にする作業、二つ目は、能力の回復・改善という軸をはずした、リハビリテーションの存在可能性を探る作業です。

障害の制度的位相、非制度的位相

まず一つ目についてです。私は、『障害とは何か』(1)を読み、本書内で、障害にまつわるさまざまな問題群を混在させていることに気づきました。正確に言いますと、気にはなっていたのですが、自分の認識枠組みのなかで明確な区分と連関についての検討ができていなかったのです。

第一章では障害者就労の問題を取り上げており、第四章ではスティグマの問題を取り上げていますが、しかしながら、それらは発生要因も解消方略においても位相が異なるものであり、『障害とは何か』では、前者を「制度的位相」、後者を「非制度的位相」としています。

制度的位相の問題の代表例が障害者就労の問題といえるでしょう。それは第一章でも述べたとおり、端的に言えば「できない」ことにより働く機会が得られないという問題です。しかしこの問題は、差別の規範的設定や分配的正義など、公的な規定を明示化することが要請される問題群が鎮座している（難解な）領域でもあります。それに対して、非制度的位相とは、いうなれば、日常的な他者との営みのなかで、その身体的特徴である障害によって生じる不利益のことです。私が第三章で述べたAさんのスティグマ経験はその一例といえると思います。

そして、『障害とは何か』では、スティグマ経験による否定的な感情経験が、どのように障害を持つ人のアイデンティティに影響を与えるかについての考察のなかで、「規範の内在化」を紹介しています。つまり、自己に内在化した諸々の規範が、行動を常に規制し、意味づけることになり、否定的な感情の日常化をもたらすというのです（同書、二二七ページ）。このことは、第四章でみた野中さんの事例がよく教えてくれていると思います。否定的な感情の源泉は、その人の内面にも巣喰っているのです。詳しくは、ぜひ『障害とは何か』を手に取り読んでいただきたいですが、同書にはそのことと関連して、次のような記述があります。

障害者は、その身体的特徴やそれに伴う固有の行動様式を「羞恥」し、ある種の能力の損傷や欠如について「劣等感」を持ち、他人の「迷惑になる存在」であることに「罪責感」を覚える。これらはいずれも、社会に流通する支配的な規範を内在化したことによって、常に彼らを苦しめることになる。自らを否定的に捉える規範と他者の態度を内在化してしまえば、自己否定の過程は自己の内部で進行し始めるのである（同書、二二九ページ）。

また『障害とは何か』には、制度的位相、非制度的位相のどちらにおいても、こうした社会からの否定的な取り扱いは、障害者の自己否定を増幅し、さらに、生活全般に関与する施設職員や親などの「重要な他者」による「弱者」「不完全な存在」としての扱いにより、いよいよその期待に適応する形で「弱者」として自己規定するようになるとあります。そして、自分の人生を価値あるものにするような「社会的価値」のある活動に参加することを諦め、そのために必要とされる「能力」を発展させるための「個人的働きかけ」の投入を止め、そうした意欲を抑圧する、というように、自己の幸福追求を断念するような生き方を選択しがちになるといいます。それは周囲の障害者に対する「弱者」としてのリアリティを強化し、障害者にとっては自己否定の悪循環を増幅させるのです（同書、二三六ページ）。こうして、非制度的位相の問題は、制度的位相にも波及することになります。

では逆に、制度的位相は非制度的位相に、何らかの影響を与えるものなのでしょうか。『障害とは何か』では、その問いに対する答えを用意するために、介護関係の場面から考察を行っています。そして、制度的位相での障害者に対する取り扱い方は、非制度的位相における不利益の生成にインパクトを与えると結論づけます。つまり、有償介助のシステムが十分に確立され、有償の介助者が量的に確保された状態が想定されるなら、介助関係における非対称性はそれほど問題とならなくなると指摘しています（同書、二四四ページ）。いうなれば、障害の制度的位相と非制度的位相は、相互に影響を与え合いながら、多重的な不利益を生成しているというわけです（同書、二四五ページ）。

さて、私は、リハビリテーション臨床における「障害受容」の使用法の問題として、「できない」ことによる障害の否定性をクライエントに押しつける圧力を含み持っていることを指摘しましたが、そのことは、障害の制度的位相、非制度的位相のどちらを取ってみても、障害問題を助長するばかりで解決の糸口を見いだすことにはならないといえます。問題は、その否定性にあるのです。

ですから、ここで、社会的に生成される障害への否定的価値付与を問題化していない障害者の支援に関する研究・言説は極めて危ういと声を大にして主張しておきたいと思います。なぜなら、障害のある人の苦しい感情経験の多くは、制度的位相、非制度的位相を含めた、社会的に構成される障害に対する否定性に由来しているからです。また、障害（自己）の肯定は、社会に対しても、自己の内面においても、当事者にとって闘争と呼ぶにふさわしい激烈なものであるにもかかわらず（注1）、社会的に生成される障害への否定的価値付与の問題を等閑視する支援のあり様は、社会的変容に向けた本質的次元を見失い、良好な関係性を第一義とする安易な関係性主義（注2）に陥りかねないとも考えます。

能力の回復・改善の軸をはずしたリハビリテーションの存在可能性

私はこれまで、「できる／できない」という能力的な観点からのみ障害をとらえようとする視点を「能力主義的障害観（感）」とし、そうした観点から行われてきた従来のリハビリテーションのあり方を「障害を否定する」という理由から否定し、そうではなく、その人が感受する障害（身体）世界である「内在的な障害観（感）」を肯定し、社会や周囲が障害に付与する価値観・障害観（感）である「外在的な障害観（感）」がそれに合わせた変容可能性を持っているとしたら、その交通可能性のなかに、再生のためのエネルギーが動きだす何かがあるのではないかと述べました。

それは、仮説ともいえないほど誠に拙いものでしたが、その後『わたしのからだをさがして』(4)を読み、そうしたリハビリテーションのあり方は可能らしい、実際に実践をしている人がいると思うようになりました。ここでは、『わたしのからだをさがして』をたよりに、「能力の回復・改善の軸をはずしたリハビリテーションの存在可能性」について考えてみたいと思います。

まず簡単に『わたしのからだをさがして』の紹介をします。この本は、三歳の頃に川崎病により左片麻痺となった小川奈々さんとセラピストである中里瑠美子さんとの往来する手紙から成り立っています。小川さんと中里さんとの出会いは二〇年以上前のことです。小川さんが小さかった頃、中里さんは小川さんの作業療法を担当していました。その後、中里さんは認知運動療法に出会い、その療法を行うことで「昔できなかったことが今ならできるのではないか」と思い、もう一度治療を行うことを検討してくれるよう小川さんにお願いをしたのでした(同書、一五四ページ)。本書はその治療過程であり、往来する手紙を通して、小川さんの身体世界をお二人で旅しているように私には感じられました。

ここで明確に表明する必要があると思われる私の立場性ですが、本項での主題はあくまで、リハビリテーションに内在する規範・倫理問題を視座に「能力の回復・改善の軸をはずしたリハビリテーションの存在可能性」を探るものであるということです。しかし一つの療法には、その療法に特有な理論内在性を持つことは当然であり、こうした『わたしのからだをさがして』の使用の仕方は、そうした療法の一部を切り取ろうとしているとのご批判をいただくことになるかもしれません。また私自身そうした危険を感じつつも、今回は私なりの立場性で、『わたしのからだをさがして』を咀嚼、解釈してみたいと考えます。

さて、私は、中里さんが行ってきたリハビリテーションが従来のリハビリテーションのあり様と大きく異なる点として、小川さんの身体を介した、小川さんと中里さんとの往来・対話がリハビリテーション過程そのものであったことが挙げられるのではないかと考えます。その点を中里さんは次のように表現しておられます。

このリハビリはお互いにとって自分探しのところがあります。発見するとそれまで不可能だと思っていたり、思いつくこともできなかったことがひとつひとつ見えてきたり、その先に進む道が見えてきたりするようです。あなたが自分のからだと心について考えることは、わたしが自分のからだと心について考えることと無関係ではないということがわかりました。お互いに自分のからだと自分のからだのことを考えながらやってきたのだと思います。（同書、一二〇ページ）

つまり、その対話は、セラピストである中里さん自身にも自分の身体世界へ目を向けることを促します。セラピストからクライエントへの一方的な働きかけではないことがわかります。何か正解があり、そこへ仕向けるベクトルを持っているわけではないのです。むしろ、中里さん自身に常に進路を探しているような「揺れている感じ」が漂っています。その揺れ感は、中里さんの次のような発言からもうかがえます。

「左手が使えるようになる」とか「左足が右足と同じように動くようになる」ということは、奈々さんにとって本当の意味ではイメージできないし、本当にそうなりたいというような気持ち、感情も実はよくわからないと、あなたは言いました。それまでのわたしにとってはそれが驚きの事実と思えたし、奈々さんにとってもそうだったかもしれません。それまでわたしたちがリハビリの目標の、結果としてこうなればいいと考える現実的な結果とは「からだが思ったとおりに動くようになること、つまり麻痺を改善すること」だったし、それがわたしたちの共通目標だと思っていたわけです。でも、それは本当の意味で共通ではなかったということがわかりました。

あなたは「一方ではこの状態が自分だと思うし、もう一方ではイメージはできないにしろ左半身が右半身みたいに動くようになりたいと思うので、どっちが本当の気持ちなのかすぐには答えがでない」と言っていました。そんなふうに、現在の「どちらとも言えない自分」が奈々さん自身です。そうであればわたしたちのリハビリも「どちらとも言えないあなた」の状態から始めて、わたしたちの共通の問題や目

標をみつけていかなければなりませんね。だから今のあなたのことをもっと教えてください。(同書、四七ページ)

その揺れ感は、小川さんの身体世界の揺れ幅と共振していることがわかります。小川さんは、「左手が使えるようになりたい」と思いつつも、本当にそうなりたい感情はよくわからないし、その状態をイメージもできないと言うのです。そして、その揺れ幅に照準を合わせるなら、「麻痺を改善すること」は共通の目標にはならない、と中里さんは考えます。その理由は、身体を持つ人間の複雑さにあります。つまり、「人間は感じるし、それに感情を抱いているし、自分というものに触れているし、自分の望むことを感じているのです。そんなに複雑な在りようから単純に動作だけを抜き取ってなんとかしようなんておかしい」(同書、八二ページ)からです。

「気持ちいいとかよくないとかいう感じ」は、すべて自分自身の内側に生じるものなのです。奈々さんはここ数年、自分のからだについて考えてきました。そして、からだを考えることは自分自身を考えることなのだとわかってきました。なぜなら、この世界の意味はすべてからだを介して生まれてくるからです。ですから、からだを考えるということは、世界の意味を考えることになるのです。自分自身の意味です。自分だけの意味です。（同書、九一ページ）

小川さんは当初、「わたしにとって自分の左側はずっと無視してきたけれども、本当は無視できないものでした。からだに力が入った状態は痛いんです。手や足がというよりからだ全体がなんとなく痛いという感じですが、右側で左側を押さえつけることに一生懸命になって、ほかのことに気持ちを向ける余裕はなかった」（同書、三五ページ）と自分の身体について語っています。私は第五章の注4で、「能力主義的障害観（感）」によって「できない」と否定的な意味を持たせられた障害は、医療従事者からも障害を持つ本人からも見捨てられるのではないか、それが「障害受容」ではないかと書きましたが、これまで小川さんが左側の身体を無視してきたというのは、まさに社会・他者、そして障害を持つ人自身の障害に対する態度を反映したものであったのではないかと思うのです。小川さんは、これまで「左手や左足に話しかけながら動かすということはいつもやってきたことだし、当然のことだった」（同書、三二ページ）とも言います。つまり、小川さんにとって障害とは、まさに無視しようとしてきた「他性（＝制御できないもの）」だったといえるのではないかと思います。

それに対して中里さんは、むしろ積極的に小川さんに自分の身体の声に耳を澄ましてみることを提案し、一緒に小川さんの身体と対話してきたわけです。それは言い換えれば「からだの（豊かな：著者追記）感情」（同書、六八ページ）に気づくことであり、「身体を介して世界に意味を与える」（同書、一五一ページ）過程でもあったのです。そして先に述べたように、その過程は、中里さんにとっても、揺れ幅を持って、自分自身の身体との往来がなされていたことにも重要なポイントがあるように思われます。つまり、小川さんの固有の身体世界に注意を払おうとするなら、それは、中里さんご自身にとっても、表層的な自明性を帯びた身体への理解だけではいられなかったということではないかと思うのです。自分の身体の声にもあらためて耳を澄ましてみる必要があったということではないかと想像します。中里さんはこのリハビリテーションの過程を総括して、「わたし一人でもあなた一人でもでき得ないさまざまな世界の展開を創り続けて」（同書、一四六ページ）きたと表現しています。この本における小川さんの最後の文章をご紹介します。

最近は歩く時に左足が着いた状態でスムーズに動けることが多いのですが、足をつける時の感じや動き方が左と右で違うように感じます。左の場合、足の付け根の部分と足の裏があってそこだけ動いているように感じます。姿が見えるところでその様子を確認すると、膝なども動いているのですが、膝のあたりの存在感が無く、足の付け根と足の先だけが同時に動いて、足の裏も一箇所だけが床に着いているように思えてしまいます。それほど気にならない時もあるのですが、気になるととても変な感じです。（同書、一四三―一四四ページ）

私たちはこれほど豊かな言葉で、自分の身体の感覚を表現できるでしょうか。この本を読み通すと、小川さんの不思議な身体世界の深さと広がりが伝わってきます。

　私は第八章で、再生のためのエネルギーは、「障害受容」が見捨ててきたそのなかにこそあるのではないか、再生のためのエネルギーはむしろ内在的な障害観（感）に、そして内在―外在の交通可能性のなかにあるのではないかと書きましたが、小川さんと中里さんの対話・往来は、まさに小川さんの固有な身体の世界・感覚に照準を合わせたなかで、小川さんの身体を介した意味世界・感覚と中里さんの身体を介した意味世界・感覚の往来がなされ、その過程を通して、双方の身体を介した意味世界・感覚が展開し、創造されていることがわかります。それを考えますと、内在―外在の交通可能性には、内在的な障害観（感）、外在的な障害観（感）、双方の変容可能性が書き加えられるように思います。

　そしてまた、「麻痺を改善すること」は第一義的な目標にはならないと中里さんが言っておられたことに、私は強いインパクトを持ちました。なぜなら（繰り返しになりますが）「人間は感じるし、それに感情を抱いているし、自分というものに触れているし、自分の望むことを感じているのです。そんなに複雑な在りようから単純に動作だけを抜き取ってなんとかしようなんておかしい」（同書、八二ページ）し、「からだとその人自身の関係を捉えるということは、単に『麻痺を改善する』というレベルのことでは太刀打ちできない」（同書、八二ページ）からだと中里さんは言いますが、そのことは、「できる／できない」という能力的な観点からのみ障害をとらえようとする視点のおかしさをも同時に示しているように私には思われました。

中里さんはこの本のなかで「わたし自身も発見されてきたのです！わたしはあなたに向かってこうして言葉をみつけながら、実は自分と話しているところがあります。こうしてあなたと一緒に発見していくことのすばらしさを思うと、それをあなたに伝えたくなります。」（同書、九二ページ）と書いていますが、お二人に、こうした展開・創造を生じさせたエネルギーの根源は、やはり「未知性」「他なるもの」とのお二人の「遭遇」に隠されているような気がします。

本項の目的は「能力の回復・改善の軸をはずしたリハビリテーションの存在可能性」を探ることでしたが、その答えとしては「存在可能性はある」のだと思います。本項では、『わたしのからだをさがして』の紹介を通して、その存在可能性を明示化しましたが、「障害との自由」のためには、その他にも、便利さや快に着目したアプローチ、あるいは先に述べたような障害の制度的位相、非制度的位相における「障害への否定性」を問題の射程におさめた他者・社会の変容にも当然目を向ける必要があることを、最後に繰り返しになりますが述べておきたいと思います。

文献

(1)星加良司：障害とは何か。生活書院、二〇〇七（第九回損保ジャパン記念財団賞著書部門受賞）

(2)新田　勲：足文字は叫ぶ！。全国公的介護保障要求者組合、二〇〇八
社会現象としての障害の全貌を知ることのできるとても良い本であり、一読をお薦めする。

(3)井口高志：医療の論理とどう対するか。崎山治男他（編）：〈支援〉の社会学　現場に向き合う思考。青弓社、pp一八五—二〇八、二〇〇八

(4)小川奈々、中里瑠美子：わたしのからだをさがして—リハビリテーションでみつけたこと。協同医書出版社、二〇〇七

注1　第七章の注4でご紹介した文献では、そのことを、障害を受け止め、それをポジティブな

ものとしていこうとする営みは、これまで信じていたものを捨てて別のものを信じるという「心をつくり直す」プロセスであり、「命がけの感情管理」であると表現していた。他にも、(文献2)には、新田勲という脳性麻痺による全身性重度障害者の、これまでの人生と一体化しているかのような闘争の全体像が綴られており、迫力がある。

注2　第三章においても、関係性を第一義とする支援のあり様の奨励に対する批判を行っているが(本書五四ページ)、さまざまな支援論を読んでも、こうした研究・言説は実に多いように思う。文献3では、認知症ケアにおいて、医療モデルから関係モデルへの転換が無条件に称揚される現状への疑義を出発点とし、その経緯や関係モデルと医療モデルとの微妙な連関について明らかにしている。

おわりに

今日は、新たな年の始まりである二〇〇九年一月一日です。天気も雲一つない青空、とても気持ちがよいです。窓越しから見える東京湾の海面もとても穏やかで、その碧が美しく見えます。

いつ頃からか覚えていないですが、いつか自分の本をだすというのが夢になっていましたので、それがこうして実現できたことは、私にとりましてこのうえない喜びです。

この本を、こうして世に出させていただくこととなった経緯を遡りますと、次の四人の方、お一人が欠けても、こうはならなかっただろうと思える人たちがいます。この四人の方たちが、この本に至るまでを導いてくださったといえます。

一人が、鎌倉矩子先生です。鎌倉矩子先生は、作業療法の世界で知らぬ人はいないと思いますので、ご紹介は省略しますが、先生との出会いは、私が都立医療技術短期大学作業療法学科（当時は三年制でしたが、現在は四年制大学に移行し、首都大学東京健康福祉学部作業療法学科となっています）に在学している時です。先生は作業療法学科教授として着任しておられました。

その当時（それ以前もですが）、なんだか学校に行くのが面倒で、単位が取れる程度にほどほどに学校に行き、なぜかよく遅刻もしており、授業は遅れて教室に入る都合上、後ろで目立たぬように聴くことが多かったように記憶しています。しかし先生の高次脳機能障害についてのご講義は面白くて、相変わらず遅刻はしていたように思うのですが、だから後ろで目立たぬようにではあっても、がんばって毎回講義を聴くようにしていたと思います。

そんなこともあり、研究法についての演習（実際に論文を書くというもので、実質的には卒業論文を書いたようなつもりでした）の際、指導教官を自分で選べるのですが、私は迷わず鎌倉先生になってもらい、半側無視について文献研究をすることにしました。それがとても楽しくて、学校で行ったことで初めて嬉々として行ったことだったように思います。私なりに一生懸命、たしか「半側無視のメカニズム」について考察をしたのですが、鎌倉先生が私の書いたものを読み、「独創性がある」

と言ってくださったその一言が、なにかとてもステキな響きに聞こえ、ろくに勉強もしないし本も読まない私は（ですが）、早速図書館でその意味を調べに行ったことが思い出されます。

意味を調べてみると、褒められているらしい（どうもけなされているわけではないらしい）ことがわかりました。素行が全般的に不良であった私は、日頃からあまり誉められることがないだけでなく、世間一般の基準に照らして褒められてもあまりうれしくないと感じてしまうひねくれ人間でしたが、そう言われたことが何だかとてもうれしくて、そんなふうに言ってもらえる研究ってステキかも、と思い、研究をしていくにはどうしたらよいのだろうと考えるようになったのでした。ですから鎌倉矩子先生がこの本の原点であり、私に「研究の扉」を開いてくれた人といえると思います。

都立医療技術短期大学作業療法学科を卒業すると、東京都心身障害者福祉センターの幼児科というところに勤めることになりました。私が勤めた二年後には、組織改正が行われなくなってしまった科でしたが、「研究？　できますよ」と当時の科長に言われ、なんとなく引き寄せられ勤めた職場でした。

今にして思っても、この科での経験はとても鮮烈で、大きな影響を受けたように思います。ここは、一〇年間蓄積したデータベースを基に、障害を持つ子どもの発達の予後予測を行っており、書面で依頼を受け、書面で結果をお渡しするという特徴的なことを行っていました。その道の大ベテランの方々が揃っていて、私は二年間おミソのようなポジションでしたが、夜遅くまでパソコンに向かい、皆で侃侃諤諤《けんけんがく》やっているなかにいると、大家族のなかにいるような気分になりました。

この幼児科に私と同期で入職したのが、現在は岡山県立大学保健福祉学部保健福祉学科で教員をしておられる坂野純子さんでした。坂野さんは、当時、東京大学大学院医学系研究科健康社会学分野博士課程を修了されたばかりでお姉さんのような存在でしたが、仕事の帰り道、よく駅前のゲームセンターで遊んだことを覚えています（もう一五年も前のことですし時効でしょう（笑））。ただ遊んでいるばかりでなく、私は坂野さんについて共同研究に参加させていただいたり、どこかの学会に参加してみたり、東大の教室のほうにもうかがわせていただいたことを覚えています。また話をしていると、その内容の根拠や理由をしばしば求められ、困惑したり考えたりで、ひどく疲れたことも覚えています。でも言葉をもっと大切に使わないといけない、と思うようになったのは坂野さんとの会話からの影響が大きかったように思います。

幼児科の人たちの多くが仕事と並行して大学や大学院に行っており、私も幼児科の人たちに倣って大学に行って勉強をしたいと思うようになりました。私としては心理学を勉強しようかなと思い、坂野さんに相談をしたところ、「田島さんには心理学は難しいから社会学にしなさいよ」と言われ、そうなのかと素直に納得し、職場近くにあった東洋大学社会学部二部に通い始めることになります。ちなみに学校に行き始めた後に、坂野さんに、「社会学も難しいけど……」と言ったところ、「当たり前じゃない！」と一刀両断でした（笑）。

考えてみますと、私は坂野さんに出会うことがなければ、社会学にも出会わなかったと思います。そして、坂野さんの一言がなければ、社会学を学ぶことにもならなかったように思います。私はその後、二つの大学院に行くことになりましたが、どちらでも社会学から離れることはなかったわけです。もちろん、私は社会学を学問的に研究する立場ではありませんが、臨床現場に居ながらにして、そこから距離を置きつつ、批判的に検討するために、社会学という視座は必要なものだったのだと思います。だから坂野純子さんは、私に「社会学の扉」を開いてくれたありがたい人だと思っています。

そして、三人目が立岩真也先生です。立岩先生との出会いの経緯については本書の第一章で詳しく書いておりますので、ここでは省略しますが、立岩先生は、私に「研究の足場」を与えてくださった人だと思っています。立岩先生の書かれた本との出会いは私にとってとても大きいものでした。本に救われたと感じた経験はこれが初めてでしたが、本に救われるということは確実にあるのだと思います。本の力を知る機会にもなりました。私も願わくは、そんな本をつくりたい、つくっていけたらと思います。

最後、四人目の方は、三輪書店の青山智社長です。青山社長から、連載、出版の話をいただいた時には、信じられない気持ちが強く、実際、現実になるまで信じていませんでした（笑）。三輪書店の本は手元にたくさんあり、「作業療法ジャーナル」もよく読んでいたので、私にとっては、最も親近感のある出版社でした。しかしこちらがいくら身近に感じていても、実は果てしなく遠いということは現実にいくらもあり、当然に三輪書店は、私にとって、そのような逆説的な存在だったわけですが、青山社長からのお申し出は、私の妄想的世界観（感）を一気に現実に引き寄せてくださったものでした。それがいわゆる夢が現実になる、ということなのでしょう。ですから青山社長は「夢を現実に」してくださった人なのです。

また、「はじめに」でも少し触れましたが、連載にあたって、「地域リハビリテーション」の編集担当でおられる小林美智さん、山中恭子さんには、内容から文章の表現方法にわたり、さまざまなアドバイスをいただきました。本書は「地域リハビリテーション」の連載をほぼそのまま生かした形になっており、小林美智さん、山中恭子さんのご尽力があってこそ、できあがったものだと思っています。心よりお礼申し上げます。

最後になりましたが、インタビューを快く引き受けてくださった皆様、本当にありがとうございました。全部で九人の方にインタビューをさせていただきましたが、そのお一方お一方との光景が今でも脳裏に浮かんできます。私にとって皆さんからお話を伺えた時間は大きな財産です。それから、インタビューに多大なる協力をしてくれた友人、柴崎（旧姓鈴木）康子さん、安永雅美さんにも、本当にどうもありがとう。

二〇〇九年　元旦

【著者紹介】

田島　明子（たじま　あきこ）

1993年都立医療技術短期大学作業療法学科卒業。2003年東洋大学大学院社会学研究科福祉社会システム専攻修了（社会学修士）。2012年立命館大学大学院先端総合学術研究科一貫制博士課程修了（学術博士）。1993年より東京都心身障害者福祉センター、2009年4月より2011年3月まで吉備国際大学保健科学部作業療法学科講師（現在は名称を変更して保健医療福祉学部）。2011年4月より聖隷クリストファー大学准教授、2017年4月より同教授。2012年5月より聖隷クリストファー大学大学院リハビリテーション科学研究科作業療法学分野を担当。

近著として、『「存在を肯定する」作業療法へのまなざし—なぜ「作業は人を元気にする！」のか』（2014年出版、三輪書店）『障害受容からの自由—あなたのあるがままに』（2015年出版、シービーアール）、『日本における作業療法の現代史—対象者の「存在を肯定する」学の構築に向けて』（2013年出版、生活書院）がある。

連絡先：t-akiko@themis.ocn.ne.jp

テキストデータ引換券
障害受容再考
―「障害受容」から「障害との自由」へ

★御希望の方に本書のテキストデータを提供します。

障害などの理由により本書をお読みになれない方に電子データ(TEXT)を提供いたします。

・200円切手
・返信用封筒(住所明記)
・左のテキストデータ引換券(コピー不可)を同封のうえ、下記までお申し込みください.

［宛先］
〒113-0033 東京都文京区本郷6-17-9
三輪書店販売部

障害受容再考《しょうがいじゅようさいこう》
―「障害受容《しょうがいじゅよう》」から「障害《しょうがい》との自由《じゆう》」へ

発行日 二〇〇九年六月二十五日 第一版第一刷
二〇一七年五月二十五日 第一版第三刷

著 者 田島明子
発行者 青山 智
発行所 株式会社 三輪書店
〒113―0033 東京都文京区本郷六―十七―九
電話 〇三―三八一六―七七九六
印刷所 三報社印刷株式会社

ISBN 978-4-89590-338-7 C3047
落丁・乱丁などの不良品はお取り替えいたします。